Isabell Franziska Berendt

Der Einsatz von Agent Orange während des Vietnamkriegs in den 1960er Jahren

Die Auswirkungen auf Mensch und Umwelt

Diplomica® Verlag GmbH

Berendt, Isabell Franziska: Der Einsatz von Agent Orange während des Vietnamkriegs in den 1960er Jahren. Die Auswirkungen auf Mensch und Umwelt, Hamburg, Diplomica Verlag GmbH 2009

ISBN: 978-3-8366-8356-2
Druck Diplomica® Verlag GmbH, Hamburg, 2009

Bibliografische Information der Deutschen Nationalbibliothek
Die Deutsche Nationalbibliothek verzeichnet diese Publikation in der Deutschen Nationalbibliografie; detaillierte bibliografische Daten sind im Internet über http://dnb.d-nb.de abrufbar.

Die digitale Ausgabe (eBook-Ausgabe) dieses Titels trägt die ISBN 978-3-8366-3356-7 und kann über den Handel oder den Verlag bezogen werden.

© Diplomica Verlag GmbH
http://www.diplomica-verlag.de, Hamburg 2009
Printed in Germany

Inhaltsverzeichnis:

1. Einleitung

In diesem Buch geht es um die Folgen des Einsatzes von Agent Orange während des Vietnamkriegs in den 1960er Jahren.

Dieses Thema ist von großer Bedeutung, da während des Vietnamkriegs in den 1960er Jahren zum ersten Mal Herbizide großflächig zu Kriegszwecken eingesetzt wurden.

Es geht hierbei insbesondere um die Frage, wie sich der Einsatz der Herbizide auf die Umwelt und die Bevölkerung des Landes ausgewirkt hat und wie diese mit den daraus resultierenden Folgen umgegangen sind. Das Hauptaugenmerk der Betrachtung liegt dabei auf dem mit Dioxin verunreinigtem Herbizid Agent Orange.

Dieses Buch ist wie folgt aufgebaut: Zuerst folgt eine kurze Übersicht über die Anfänge des Einsatzes von Herbiziden zu Kriegszwecken, da diese Entwicklung die Grundlage der Verwendung von Herbiziden im Vietnamkrieg darstellt. Im Anschluss daran folgt ein kurzer Überblick über die zivile Nutzung von Herbiziden in der amerikanischen Landwirtschaft. Anschließend folgt eine ausführliche Darstellung des Verlaufs des Einsatzes von Herbiziden während des Vietnamkriegs.

Dabei stehen im Mittelpunkt der Betrachtung die Fragen, wie es zum Einsatz der Chemikalien kam und wie sich dieser im Verlauf der 1960er Jahre entwickelt hat. Danach folgt ein Überblick über die Zusammensetzung von Agent Orange, sowie eine Darstellung der Auswirkungen von Dioxin auf den menschlichen Organismus.

Der nächste Teil des Buches befasst sich mit den Langzeitfolgen des Einsatzes der Herbizide für die Menschen und die Umwelt Vietnams. Dabei werden die Auswirkungen auf die Umwelt und die Bevölkerung Vietnams gesondert betrachtet.

Hierbei stehen im Mittelpunkt der Betrachtung die ökologischen Folgen des Kriegs mit Chemiewaffen, sowie die gesundheitlichen und sozialen Folgen für die vietnamesische Zivilbevölkerung.

In dem darauffolgenden Kapitel geht es um die Entschädigungszahlungen für die vietnamesischen Opfer der Herbizideinsätze.

Im Anschluss daran geht es um das Dorf der Freundschaft, als ein Beispiel für die Hilfe und Unterstützung der vietnamesischen Opfer des Vietnamkriegs. Im Anschluss befasse ich mich mit dem Versuch der Durchführung einer bilateralen Studie der USA und Vietnam zu den Folgen des Einsatzes von Agent Orange.

Abschließend folgt ein Exkurs über den Einsatz von Agent Orange außerhalb von Vietnam, in Laos und Kambodscha, während des Vietnamkriegs.

Die meiste Literatur, die sich mit dem Einsatz von Agent Orange während des Vietnamkriegs befasst, thematisiert deren Auswirkung auf die amerikanischen Soldaten, die in dem Krieg gekämpft haben und den Herbiziden dort ausgesetzt waren.

Obwohl die vietnamesische Bevölkerung der Hauptleittragende des Einsatzes der Herbizide ist, da sie bis heute in einer kontaminierten Umgebung lebt, findet dies in der Literatur kaum Beachtung. Ebenso gibt es nur wenige Wissenschaftler, die sich mit den Umweltauswirkungen der Herbizide auf Vietnam befassen. Dies ist sicherlich darauf zurückzuführen, dass die kommunistische Regierung Vietnams nur wenigen Wissenschaftlern die Möglichkeit gibt in dem Land zu forschen.

Deswegen liegen dieser Arbeit die folgenden Werke zu Grunde: „Umwelt, Macht und Medizin. Zur Würdigung des Lebenswerks von Karl-Rainer Fabig", herausgegeben von, Anita Fabig und Kathrin Otte, „Agent Orange. Collateral Damage in Viet Nam" von Philip Jones Griffith, sowie „Als mein Kind geboren wurde, war ich sehr traurig. Spätfolgen des Chemiewaffeneinsatzes im Vietnamkrieg" von Peter Jaeggi. Des Weiteren stellen Artikel der Zeitschrift *Nature* einen wesentlichen Teil der verwendeten Literatur dar.

Der Einsatz von Herbiziden während des Vietnamkriegs hat die Umwelt und das soziale Gefüge des Landes nachhaltig verändert. Durch die Chemikalien wurden weite Teile des tropischen Regenwaldes Vietnams unwiederbringlich zerstört, wodurch das gesamte Ökosystem des Landes geschädigt wurde.

Des Weiteren leiden die Menschen bis heute an gesundheitlichen Problemen, die auf die Verwendung von Herbiziden im Vietnamkrieg zurückzuführen sind.

2. Der Einsatz von Herbiziden im Krieg von seinen Anfängen bis zum Vietnamkrieg

Die Erforschung und Entwicklung von Herbiziden, die zu Kriegszwecken eingesetzt werden können, begann im Zweiten Weltkrieg. Während dieser Zeit forschten britische Wissenschaftler an der Entwicklung von verschiedenen chemischen Substanzen zur Pflanzenvernichtung, die sie im Krieg einsetzen konnten. Dabei entdeckten sie 1940 Chemikalien, die hohe Ähnlichkeit mit pflanzlichen Hormonen aufwiesen, wodurch diese in der Lage waren, andere Pflanzen komplett zu zerstören.[1]

Das britische Militär zog zu dieser Zeit in Betracht, durch den Einsatz der Chemikalien, die deutschen Ernteerträge zu vernichten, was zu diesem Zeitpunkt auf Grund von unzureichenden technischen Möglichkeiten allerdings noch nicht umgesetzt werden konnte. In den USA wurde währenddessen die Forschung auf dem Feld der chemischen Pflanzenvernichtung zu Kriegszwecken weiter vorangetrieben.[2]

Im Jahr 1948 setzte das britische Militär schließlich zum ersten Mal ein Entlaubungsmittel im Krieg ein.[3] Die britischen Truppen setzten das Herbizid 2,4,5-T, das von den Amerikanern entwickelt und später von ihnen im Vietnamkrieg eingesetzt wurde, in ihrem Kampf um die Erhaltung des Machtstatus in ihrer südostasiatischen Kolonie Malaysia ein.[4] Das britische Militär verfolgte mit dem Einsatz der Herbizide im Wesentlichen zwei Ziele. Zum Einen sollte die Ernte zerstört werden, wodurch der Widerstand der Aufständischen gebrochen werden sollte, zum Anderen besprühte das Militär Teile des Urwaldes, um den Guerillas dadurch die schützende Deckung zu nehmen.[5]

---

[1] Harris, Robert; Paxman, Jeremy: *A higher Form of Killing.* New York 1982, S.193
[2] Harris, Robert; Paxman, Jeremy: *A higher Form of Killing.* New York 1982, S.194
[3] Fabig, Karl-Rainer: *Betr. Dioxin – eine neue Rechnung.* In: Fabig, Anita; Otte, Kathrin (Hg.): Umwelt, Macht und Medizin. Zur Würdigung des Lebenswerks von Karl-Rainer Fabig, Kassel 2007, S.21
[4] Harris, Robert; Paxman, Jeremy: *A higher Form of Killing.* New York 1982, S.194
[5] Harris, Robert; Paxman, Jeremy: *A higher Form of Killing.* New York 1982, S.194

Diese beiden Elemente spielten auch bei dem Einsatz von Herbiziden im Vietnamkrieg eine zentrale Rolle.

Die Ergebnisse, die das britische Militär aus den Sprühaktionen in Malaysia gewann, leiteten sie auch an eine kleine Gruppe amerikanischer Wissenschaftler weiter, die diese zu Forschungszwecke verwendeten.[6] In den 1950er Jahren wurde in den USA weiter an der Entwicklung von Herbiziden zu Kriegszwecken gearbeitet. Die dem Pentagon unterstellte „Advanced Research Project Agency" begann in dieser Zeit mit der Erforschung der erforderlichen Menge von Herbiziden, die nötig sind, um die Vegetation in einem bestimmten Gebiet komplett zu zerstören. Diese Untersuchungsreihe geschah im Rahmen des so genannten Projekts „Agile".[7]

Die an dem Projekt beteiligten Wissenschaftler kamen zu dem Ergebnis, dass 28 Liter Pflanzenvernichtungsmittel pro Hektar Land notwendig sind, um die gesamte Flora auf dieser Fläche zu zerstören.[8] Im Jahr 1959 kam es zu den ersten großangelegten Experimenten mit dem Herbizid Agent Pink in Camp Drum im US-Bundesstaat New York, wobei auch Sprühgeräte getestet wurden, die später im Vietnamkrieg zum Einsatz kamen.[9] Der Grundstein für den Einsatz von Herbiziden im Vietnamkrieg wurde durch diese Testreihe gelegt. Von August bis September 1961 führte das amerikanische Militär in Südvietnam erste Tests mit dem Herbizid Agent Orange durch, das aus einer Mischung der beiden Herbizide 2,4-D und 2,4,5-T bestand.[10] Daneben testete das amerikanische Militär auch Insektizide auf deren

---

[6] Harris, Robert; Paxman, Jeremy: *A higher Form of Killing.* New York 1982, S.194

[7] Fabig, Karl-Rainer: *Betr. Dioxin – eine neue Rechnung.* In: Fabig, Anita; Otte, Kathrin (Hg.): Umwelt, Macht und Medizin. Zur Würdigung des Lebenswerks von Karl-Rainer Fabig, Kassel 2007, S.21

[8] Fabig, Karl-Rainer: *Betr. Dioxin – eine neue Rechnung.* In: Fabig, Anita; Otte, Kathrin (Hg.): Umwelt, Macht und Medizin. Zur Würdigung des Lebenswerks von Karl-Rainer Fabig, Kassel 2007, S.21

[9] Fabig, Karl-Rainer: *Betr. Dioxin – eine neue Rechnung* In: Fabig, Anita; Otte, Kathrin (Hg.): Umwelt, Macht und Medizin. Zur Würdigung des Lebenswerks von Karl-Rainer Fabig, Kassel 2007, S.21

[10] Fabig, Karl-Rainer: *Betr. Dioxin – eine neue Rechnung* In: Fabig, Anita; Otte, Kathrin (Hg.): Umwelt, Macht und Medizin. Zur Würdigung des Lebenswerks von Karl-Rainer Fabig, Kassel 2007, S.21

Einsatzfähigkeit im Krieg.[11] Aus welchem Grund das amerikanische Militär allerdings Abstand davon nahm, ist der Literatur nach nicht bekannt.[12]

Am 13. Januar 1962 begann mit der „Operation Ranch Hand" in Südvietnam schließlich der erste groß angelegte Einsatz von Herbiziden in einem Krieg.[13]

---

[11] Fabig, Karl-Rainer: *Betr. Dioxin – eine neue Rechnung.* In: Fabig, Anita; Otte, Kathrin (Hg.): Umwelt, Macht und Medizin. Zur Würdigung des Lebenswerks von Karl-Rainer Fabig, Kassel 2007, S.21

[12] Fabig, Karl-Rainer: *Betr. Dioxin – eine neue Rechnung.* In: Fabig, Anita; Otte, Kathrin (Hg.): Umwelt, Macht und Medizin. Zur Würdigung des Lebenswerks von Karl-Rainer Fabig, Kassel 2007, S.21

[13] Griffith, Philip Jones: *Agent Orange. "Collateral Damage in Viet Nam",* London 2003, S.164

3. Der Einsatz von Herbiziden in der amerikanischen Landwirtschaft

Die Verwendung von Herbiziden war im eigentlichen Sinn für die zivile Nutzung gedacht, so war deren Gebrauch zur Unkrautvernichtung in der amerikanischen Landwirtschaft lange Zeit unumstritten. Seit dem Ende des 19. Jahrhunderts wurden anorganische Herbizide verwendet, organische Unkrautbekämpfungsmittel kamen erst Mitte der 1930er Jahre hinzu.[14] So wurde in der amerikanischen Landwirtschaft auch das dioxinhaltige 2,4,5-T verwendet, das später im Vietnamkrieg versprüht wurde und das auf Grund seines Dioxingehalts höchst umstritten war. Wie die Washington Post am 16. April 1970[15] berichtete, führten bereits im Jahr 1966 die "Bionetics Research Laboratories" im Auftrag des National Cancer Institutes Tierversuche durch, die Aufschluss über die Auswirkungen von 2,4,5-T geben sollten. Diese Studie wies zum ersten Mal daraufhin, dass das Herbizid 2,4,5-T zu Missbildungen in Form von Zysten an den Nieren und Gaumenspalten bei Mäusen und Ratten führen konnte. Dies sorgte aber zu diesem Zeitpunkt nur für geringes Aufsehen.

Die Studie hatte eindeutig bewiesen, dass das in 2,4,5-T enthaltene Dioxin der Verursacher für die Missbildungen war.

Als Konsequenz aus dieser Studie verringerte der Hauptproduzent des Herbizids, Dow Chemicals, lediglich den Dioxingehalt der Chemikalie auf unter 1ppm[16], was das Gesundheitsministerium als ausreichende Maßnahme ansah.[17] Dadurch sollte das gesundheitliche Risiko für die Menschen verringert werden, die den Herbiziden ausgesetzt waren.

---

[14] Westing, Arthur H.: *Herbicides in War: past and present.* In: Westing, Arthur H. (Hg.): Herbicides in War. The Long-term Ecological and Human Consequences, London 1984, S.4

[15] Mintz, Morton: *2,4,5-T Weed Killer Is Restricted by U.S.,* in: Washington Post, 16. April 1970, S.A9

[16] parts per million

[17] Mintz, Morton: *2,4,5-T Weed Killer Is Restricted by U.S.,* in: Washington Post, 16. April 1970, S.A9

Viele Wissenschaftler zeigten sich aber äußerst beunruhigt über die Tatsache, dass 2,4,5-T weiterhin in der Landwirtschaft zum Einsatz kam. Erst am 15. April 1970 reagierte die amerikanische Regierung auf die Studie aus dem Jahr 1966 und schränkte den Einsatz des Herbizids in den USA ein.[18] Das Landwirtschaftsministerium verbot die Verwendung von 2,4,5-T in der Nähe von Häusern, Seen, Teichen, Wassergräben und Feldern mit der Begründung, dass man in dem Herbizid eine Gefahr für die menschliche Gesundheit sehe.[19] Allerdings handelte es sich bei dieser Einschränkung um kein generelles Verbot für die Verwendung von 2,4,5-T.

Diese Entscheidung ist äußerst bedenklich, da sich die Chemikalien trotzdem auf dem Luftweg weiter verbreiten konnten, wodurch sie weiterhin die Umwelt schädigten. Erst am 1. März 1979 kam es einem Bericht der Zeitschrift Nature zufolge zur sofortigen Beendigung der Verwendung von 2,4,5-T in den USA.[20]

Das Verbot, das zunächst vorläufig war, ging von der „Environmental Protection Agency", kurz EPA aus, einer Organisation der US-Regierung, deren Aufgabe es ist, für den Schutz der Umwelt und der menschlichen Gesundheit zu sorgen. Die EPA traf die Entscheidung für ein Verbot des Herbizids, nachdem es neue Erkenntnisse für dessen Schädlichkeit gegeben hatte.

In dem US-Bundesstaat Oregon war die Fehlgeburtenrate nach dem Besprühen von Wäldern in der Gegend um die Ortschaft Alsea mit 2,4,5-T deutlich angestiegen, was auf den Einsatz des Herbizids zurückgeführt wurde.[21] Zuvor hatten amerikanische Umweltschützer acht Jahre lang gegen den Einsatz des Unkrautbekämpfungsmittels in den USA gekämpft. Dabei verwiesen sie auch auf dessen Verwendung im Vietnamkrieg. Dort wurde das Herbizid Agent Orange eingesetzt,

---

[18] Mintz, Morton: *2,4,5-T Weed Killer Is Restricted by U.S.*, in: Washington Post, 16. April 1970, S.A9
[19] Mintz, Morton: *2,4,5-T Weed Killer Is Restricted by U.S.*, in: Washington Post, 16. April 1970, S.A9
[20] Cookson, Clive:*"Emergency" ban on 2,4,5-T herbicide in US*, in: Nature Vol.278, 8.März 1979, S.108
[21] Cookson, Clive:*"Emergency" ban on 2,4,5-T herbicide in US*, in: Nature Vol.278, 8. März 1979, S. 108

das aus 2,4,5-T und 2,4-D bestand und für Missbildungen bei Kindern verantwortlich gemacht wurde.

Die EPA begründet allerdings ihre Entscheidung, die Verwendung des Herbizids, trotz bekannter Gesundheitsgefahren erst 1979 zu stoppen damit, dass erst die jüngste Studie aus Oregon auf eine direkte Verbindung zwischen dem Herbizid 2,4,5-T und den Fehlgeburten hingedeutet habe.[22]

---

[22] Cookson, Clive:*"Emergency" ban on 2,4,5-T herbicide in US*, in: Nature Vol.278, 8.März 1979, S. 108

4. Die Verwendung von Agent Orange und anderen Herbiziden im Vietnamkrieg

Während des Vietnamkriegs wurden erstmals Herbizide großflächig zu Kriegszwecken eingesetzt. Das amerikanische Militär hoffte, so den Krieg in dem südostasiatischen Land gewinnen zu können.

Der Einsatz von Agent Orange und anderen Herbiziden in Vietnam begann im Jahr 1961. Im Mai desselben Jahres reiste der amerikanische Vizepräsident Lyndon B. Johnson auf Geheiß Kennedys nach Saigon, um dort über zukünftige amerikanische Unterstützung für die südvietnamesische Regierung zu verhandeln.[23] Ein Ergebnis des Treffens zwischen Johnson und dem südvietnamesischen Präsidenten Ngo Dinh-Diem war die Errichtung eines militärischen Entwicklungs- und Testzentrums in Südvietnam, dem CDTC, unter der Führung des Pentagons. Ziel des militärischen Entwicklungs- und Testzentrums war es, neue Methoden und Waffen für die Bekämpfung von Aufständischen zu entwickeln. Primär ging es dem amerikanischen Verteidigungsministerium darum, herauszufinden inwieweit Herbizide zu Kriegszwecken in Vietnam einsetzbar waren.[24]

Die Wälder des Landes sollten durch den Einsatz der Herbizide entlaubt werden, dadurch sie dem Widerstand nicht mehr als Tarnung dienen konnten. Des Weiteren sollten gezielt die Felder der Bauern besprüht werden, um die Ernte zu vernichten und damit den Widerstand der ländlichen Bevölkerung zu brechen.[25] Am 10. August 1961 begannen erste Tests mit dem Entlaubungsmittel Agent Orange in Vietnam.[26]

---

[23] Jaeggi, Peter (Hg.): *Als mein Kind geboren wurde, war ich sehr traurig.* Spätfolgen des Chemiewaffeneinsatzes im Vietnamkrieg, Niederwil 2000, S.17
[24] Jaeggi, Peter (Hg.): *Als mein Kind geboren wurde, war ich sehr traurig.* Spätfolgen des Chemiewaffeneinsatzes im Vietnamkrieg, Niederwil 2000, S.17
[25] Jaeggi, Peter (Hg.): *Als mein Kind geboren wurde, war ich sehr traurig.* Spätfolgen des Chemiewaffeneinsatzes im Vietnamkrieg, Niederwil 2000, S.18
[26] Fabig, Karl-Rainer: *Agent Orange vor Gericht.* In: Fabig, Anita; Otte, Kathrin (Hg.): Umwelt, Macht und Medizin. Zur Würdigung des Lebenswerks von Karl-Rainer Fabig, Kassel 2007, S.51

Bereits im November 1961 segnete der amerikanische Präsident Kennedy das Programm mit dem bezeichnenden Namen "Operation Ranch Hand" ab, was übersetzt „Operation Farmarbeiter" bedeutet, das den großflächigen Einsatz der Chemikalien in Südvietnam ermöglichte.[27] Kennedy gab seine Zustimmung zu der Operation, obwohl dies gegen die Haager Landkriegsordnung aus dem Jahr 1907 verstieß. Die Vereinbarung war auch von den USA unterzeichnet worden und untersagte die Verwendung von giftigen oder vergifteten Waffen im Krieg.[28]

Die beiden primären Ziele der "Operation Ranch Hand" waren die Entlaubung des Dschungels und die Vernichtung der Ernteerträge mit Hilfe von verschiedenen Herbiziden.[29] Der Gegner sollte auf diesem Weg geschwächt werden, indem man ihm die schützende Deckung des Dschungels nahm.

Nach 1965 wurde besonders das Grenzgebiet zwischen Vietnam und Laos besprüht, da hier der Ho-Chi-Minh-Pfad verlief, der den Vietcong als Transport- und Versorgungsweg diente.

Durch die Vernichtung der Ernteerträge wollte das amerikanische Militär die Unterstützung der Bevölkerung für die gegnerische Seite beenden, indem ihnen die Schuld an der Erntezerstörung gegeben wurde.[30] Neben der Vernichtung der Nahrungsgrundlage, schädigte das amerikanische Militär durch den Einsatz der Chemikalien die Gesundheit der vietnamesischen Bevölkerung und der US-Soldaten, die den Herbiziden ausgesetzt waren.

---

[27] Kühner, Stefan: *Die Versprühung dioxinhaltiger Herbizide durch die US-Streitkräfte in Vietnam und das politische Engagement gegen den Vietnamkrieg.* In: Fabig, Anita; Otte, Kathrin (Hg.): Umwelt, Macht und Medizin. Zur Würdigung des Lebenswerks von Karl-Rainer Fabig, Kassel 2007. S.207

[28] Jaeggi, Peter (Hg.): *Als mein Kind geboren wurde, war ich sehr traurig.* Spätfolgen des Chemiewaffeneinsatzes im Vietnamkrieg, Niederwil 2000, S.122

[29] Kühner, Stefan: *Die Versprühung dioxinhaltiger Herbizide durch die US-Streitkräfte in Vietnam und das politische Engagement gegen den Vietnamkrieg.* In: Fabig, Anita; Otte, Kathrin (Hg.): Umwelt, Macht und Medizin. Zur Würdigung des Lebenswerks von Karl-Rainer Fabig, Kassel 2007. S.208

[30] Kühner, Stefan: *Die Versprühung dioxinhaltiger Herbizide durch die US-Streitkräfte in Vietnam und das politische Engagement gegen den Vietnamkrieg.* In: Fabig, Anita; Otte, Kathrin (Hg.): Umwelt, Macht und Medizin. Zur Würdigung des Lebenswerks von Karl-Rainer Fabig, Kassel 2007. S.208

Auch wenn das Wissen über Agent Orange und seine Folgen gering war, so nahm die amerikanische Regierung billigend in Kauf, die Gesundheit der Menschen durch den Einsatz der Herbizide zu gefährden.[31]

Ein weiteres Ziel der "Operation Ranch Hand" war es, die dörflichen Sozialstrukturen im ländlich geprägten Südvietnam zu zerstören. Die Bevölkerung auf dem Land sollte durch die Vernichtung ihrer Ernte dazu gezwungen werden ihre Dörfer zu verlassen und in die Städte zu ziehen. Auf Grund dessen zogen alleine zwischen 1961 und 1963 circa acht Millionen Menschen in die Städte des Landes.[32] Dies führte zu großen sozialen Umwälzungen in Südvietnam, da sich das Leben in der Stadt grundlegend vom Leben auf dem Land unterschied. Lebten 1960 nur 15 Prozent der Gesamtbevölkerung Südvietnams in den Städten, so waren es 1969 bereits 50 Prozent und 1972 waren es 65 Prozent.[33] Die "Operation Ranch Hand" hatte somit für die Menschen in Vietnam weitaus größere Folgen als die der Entlaubung der Wälder und der Vernichtung der Ernte.

Im Rahmen der ersten Sprüheinsätze über Südvietnam gab der amerikanische Verteidigungsminister Robert McNamara am 7. November 1961 die Anweisung, dass die fast reife Ernte in jenen Gebieten zerstört werden sollte, in denen die Widerständler vermutet wurden.[34] Daraufhin flogen drei C-123 Transportflugzeuge der US Air Force von ihrer Basis auf den Philippinen in Richtung Südvietnam.

---

[31] Kühner, Stefan: *Die Versprühung dioxinhaltiger Herbizide durch die US-Streitkräfte in Vietnam und das politische Engagement gegen den Vietnamkrieg.* In: Fabig, Anita; Otte, Kathrin (Hg.): Umwelt, Macht und Medizin. Zur Würdigung des Lebenswerks von Karl-Rainer Fabig, Kassel 2007. S.208

[32] Kühner, Stefan: *Die Versprühung dioxinhaltiger Herbizide durch die US-Streitkräfte in Vietnam und das politische Engagement gegen den Vietnamkrieg.* In: Fabig, Anita; Otte, Kathrin (Hg.): Umwelt, Macht und Medizin. Zur Würdigung des Lebenswerks von Karl-Rainer Fabig, Kassel 2007. S.208

[33] Kühner, Stefan: *Die Versprühung dioxinhaltiger Herbizide durch die US-Streitkräfte in Vietnam und das politische Engagement gegen den Vietnamkrieg.* In: Fabig, Anita; Otte, Kathrin (Hg.): Umwelt, Macht und Medizin. Zur Würdigung des Lebenswerks von Karl-Rainer Fabig, Kassel 2007. S.209

[34] Jaeggi, Peter (Hg.): *Als mein Kind geboren wurde, war ich sehr traurig.* Spätfolgen des Chemiewaffeneinsatzes im Vietnamkrieg, Niederwil 2000, S.18

Jedes der Flugzeuge war ausgestattet mit einem Tank in dem sich die Herbizide befanden, der 1000 Gallonen Flüssigkeit fasste, was 3785,3 Litern entspricht.[35] Mit diesem Flug begann der größte Chemiewaffeneinsatz seit dem Ende des Ersten Weltkriegs.[36] Dieser Befehl von McNamara die Ernte zu zerstören, war äußerst radikal, da dadurch in erster Linie nicht der Widerstand geschwächt, sondern der vietnamesischen Zivilbevölkerung Schaden zugefügt wurde.

Es wurde in Kauf genommen, dass den Menschen durch die Ernteerstörung die Grundnahrung genommen wurde.

Von Beginn seines Einsatzes war die Bevölkerung Vietnams vom Einsatz der Herbizide und dessen Folgen somit direkt betroffen. Nachdem das amerikanische Militär zwischen August und Dezember 1961 Agent Orange in Vietnam getestet hatte, erreichte eine erste große Schiffsladung mit Fässern, gefüllt mit Herbiziden, Vietnam im Januar 1962.[37] Zur selben Zeit kam es zu einem Vertrag zwischen den USA und der südvietnamesischen Regierung, der besagte, dass die Republik Südvietnam zum Eigentümer der Herbizide wurde, sobald diese sich auf vietnamesischem Boden befanden.[38] Allerdings stand jeder Einsatz der Herbizide unter dem Befehl des amerikanischen Militärs. Bis 1963 musste der amerikanische Präsident jeder einzelnen Erntevernichtung durch Herbizide zustimmen, danach reichte es aus, wenn der US-Botschafter in Saigon sein Einverständnis zu dem Einsatz gab.[39] Dadurch, dass die Entscheidung für die Erntevernichtung nun in Vietnam getroffen wurde, verselbstständigte sich der Einsatz der Chemikalien in Südvietnam und die Zahl der Sprühaktionen nahm zu.

---

[35] Harris, Robert; Paxman, Jeremy: *A higher Form of Killing*. New York 1982, S.193
[36] Harris, Robert; Paxman, Jeremy: *A higher Form of Killing*. New York 1982, S.193
[37] Jaeggi, Peter (Hg.): *Als mein Kind geboren wurde, war ich sehr traurig*. Spätfolgen des Chemiewaffeneinsatzes im Vietnamkrieg, Niederwil 2000, S.21f
[38] Fabig, Karl-Rainer: *Betr. Dioxin – eine neue Rechnung*. In: Fabig, Anita; Otte, Kathrin (Hg.): Umwelt, Macht und Medizin. Zur Würdigung des Lebenswerks von Karl-Rainer Fabig, Kassel 2007, S.22
[39] Fabig, Karl-Rainer: *Betr. Dioxin – eine neue Rechnung*. In: Fabig, Anita; Otte, Kathrin (Hg.): Umwelt, Macht und Medizin. Zur Würdigung des Lebenswerks von Karl-Rainer Fabig, Kassel 2007, S.22

Insgesamt kamen in Südvietnam fünfzehn verschiedene Herbizide zum Einsatz, die Namen wie Agent Orange, Agent Pink, Agent Purple, Agent Blue, Agent Green und Agent White trugen.[40] Die Herbizide waren benannt nach den unterschiedlichen farblichen Markierungen, mit denen die Fässer, in denen die Chemikalien transportiert wurden, gekennzeichnet waren.

Auf Grund seines hohen Wirkungsgrades wurde das stark dioxinhaltige Agent Orange in Vietnam am häufigsten verwendet.[41] Nach Angaben von Arthur Westing waren 61 Prozent der insgesamt während des Vietnamkriegs versprühten Herbizide Agent Orange.[42] Der Einsatz der Herbizide erstreckte sich über den gesamten Süden des Landes bis zum 17. Breitengrad, der seit der Genfer Indochinakonferenz, die vom 7. Mai bis zum 21. Juli 1954 stattgefunden hatte, die Grenze zwischen Nord- und Südvietnam bildete.[43]

Hauptsächlich wurden für das Versprühen der Chemikalien in Vietnam amerikanische Transportflugzeuge vom Typ C-123 und C-130 eingesetzt. Diese trugen allerdings im Einsatz keine amerikanischen Hoheitszeichen, die Embleme wurden entweder getarnt oder ausgetauscht. Bei Einsätzen zur Erntevernichtung flogen die Flugzeuge unter vietnamesischem Hoheitszeichen und mit einem vietnamesischen Copiloten.[44] Diese Tatsache zeigt, inwieweit die südvietnamesische Regierung an den Sprüheinsätzen beteiligt war. Außerdem ist es ein Hinweis darauf, warum die amerikanischen Aufzeichnungen über die Herbizideinsätze Lüken aufweisen.

---

[40] Jaeggi, Peter (Hg.): *Als mein Kind geboren wurde, war ich sehr traurig.* Spätfolgen des Chemiewaffeneinsatzes im Vietnamkrieg, Niederwil 2000, S.18
[41] Jaeggi, Peter (Hg.): *Als mein Kind geboren wurde, war ich sehr traurig.* Spätfolgen des Chemiewaffeneinsatzes im Vietnamkrieg, Niederwil 2000, S.18
[42] Westing, Arthur H.: *Herbicides in War: past and present.* In: Westing, Arthur H. (Hg.): Herbicides in War. The Long-term Ecological and Human Consequences, London 1984, S.14
[43] Steininger, Rolf: *Der Vietnamkrieg*, Frankfurt a.M. 2006², S.73
[44] Fabig, Karl-Rainer: *Betr. Dioxin – eine neue Rechnung.* In: Fabig, Anita; Otte, Kathrin (Hg.): Umwelt, Macht und Medizin. Zur Würdigung des Lebenswerks von Karl-Rainer Fabig, Kassel 2007, S.22

Am 13. Januar 1962 begann schließlich mit der "Operation Ranch Hand" das großflächige Besprühen weiter Teile Südvietnams.[45] Zuvor wurden lediglich kleine Gebiete mit den Chemikalien besprüht.

Zwischen 1962 und 1971 versprühten die Flugzeuge im Rahmen dieser Operation die Herbizide über weiten Teilen Südvietnams. Bei schönem Wetter und geringem Wind besprühten sie die Landstriche von Sonnenaufgang bis in den Abend meist mehrfach in einer Höhe von circa 100 Metern.[46]

In der Regel konnte der 1000 Gallonen fassende Tank innerhalb von fünf Minuten entleert werden.[47] Allerdings kam es immer wieder zu Notentleerungen, bei denen der Tank in 30 Sekunden entleert werden konnte und zu Flugzeugabstürzen, was örtlich zu einer starken Kontamination mit den Herbiziden geführt hat, den so genannten "hot spots".[48] Die Zeitschrift Nature verweist diesbezüglich auf 42 militärische Einsätze, die insgesamt 120 000 Liter Herbizide über Südvietnam versprühen sollten und von denen bekannt ist, dass sie mit einer Notentleerung endeten.[49] Auch wenn ein Flugzeug technisch noch dazu in der Lage war zu seiner Basis zurückzukehren, so war der Pilot dazu angewiesen, seine Herbizid-Ladung vor der Rückkehr zu entleeren.[50] Dies verursachte eine zusätzliche Kontamination von Gebieten, die nicht das primäre Ziel des jeweiligen Herbizideinsatzes waren. Genaue Zahlen, wie viele dieser Notentleerungen es im Verlauf des Vietnamkriegs gegeben hat, liegen nicht vor. Die Aussagen über die insgesamt versprühte Menge von Herbiziden schwanken, sie liegen je nach Autor zwischen 72 und 90 Millionen

---

[45] Griffith, Philip Jones: *Agent Orange. "Collateral Damage in Viet Nam"*, London 2003, S.164

[46] Gallo, Werner: *Die unmittelbare Wirkungen des Giftkrieges in Vietnam auf Menschen (und Umwelt) und ihre Fortwirkung als Altlast.* In: Fabig, Anita; Otte, Kathrin (Hg.): Umwelt, Macht und Medizin. Zur Würdigung des Lebenswerks von Karl-Rainer Fabig, Kassel 2007. S.232

[47] Harris, Robert; Paxman, Jeremy: *A higher Form of Killing.* New York 1982, S.195

[48] Fabig, Karl-Rainer: *Betr. Dioxin – eine neue Rechnung.* In: Fabig, Anita; Otte, Kathrin (Hg.): Umwelt, Macht und Medizin. Zur Würdigung des Lebenswerks von Karl-Rainer Fabig, Kassel 2007, S.22

[49] Stellmann, Jeanne Mager [et al.]: *The extent and Patterns of usage of Agent Orange and other herbicides in Vietnam*, in: Nature, Vol. 422, 17. April 2003, S.685

[50] Stellmann, Jeanne Mager [et al.]: *The extent and Patterns of usage of Agent Orange and other herbicides in Vietnam*, in: Nature, Vol. 422, 17. April 2003, S.685

Litern.[51] Bei den hauptsächlich während der "Operation Ranch Hand" eingesetzten Herbiziden handelt es sich um die drei chemischen Substanzen mit den Namen Agent Orange, Agent White und Agent Blue.[52] Das dioxinhaltige Agent Orange war eine Mischung der zwei Herbizide 2,4-D und 2,4,5-T und wurde hauptsächlich zur Entlaubung des Dschungels eingesetzt.[53] Bei Agent White handelte es sich ebenfalls um eine Mischung zweier Herbizide, es bestand aus 2,4-D und Picloram. Letzteres wurde speziell von Dow Chemicals für den militärischen Einsatz entwickelt.[54] Das Herbizid 2,4-D griff die Blätter einer Pflanze an, wohingegen Picloram die Wurzeln zerstörte, wodurch Agent White sehr effektiv war.[55] Ebenso wie Agent Orange wurde Agent White auf Grund seiner Wirkungsweise hauptsächlich zur Vernichtung der Wälder eingesetzt, allerdings war sein Wirkungsgrad niedriger, als der von Agent Orange.

Das amerikanische Militär setzte Agent White ab Beginn des Jahres 1966 ein, nachdem es zu Lieferengpässen von Agent Orange gekommen war. Agent White war zwar nicht so effektiv wie Agent Orange, allerdings enthielt es kein Dioxin.[56] Das Militär bevorzugte jedoch Agent Orange, trotz seines Dioxingehalts, da Agent White weitaus langsamer wirkte und es einige Wochen dauerte, bis die besprühten Wälder endgültig ihre Blätter verloren.[57] Zur Zerstörung

---

[51] Jaeggi, Peter (Hg.): *Als mein Kind geboren wurde, war ich sehr traurig.* Spätfolgen des Chemiewaffeneinsatzes im Vietnamkrieg, Niederwil 2000, S.18
[52] Gallo, Werner: *Die unmittelbare Wirkungen des Giftkrieges in Vietnam auf Menschen (und Umwelt) und ihre Fortwirkung als Altlast.* In: Fabig, Anita; Otte, Kathrin (Hg.): Umwelt, Macht und Medizin. Zur Würdigung des Lebenswerks von Karl-Rainer Fabig, Kassel 2007. S.232
[53] Gallo, Werner: *Die unmittelbare Wirkungen des Giftkrieges in Vietnam auf Menschen (und Umwelt) und ihre Fortwirkung als Altlast.* In: Fabig, Anita; Otte, Kathrin (Hg.): Umwelt, Macht und Medizin. Zur Würdigung des Lebenswerks von Karl-Rainer Fabig, Kassel 2007. S.232
[54] Gallo, Werner: *Die unmittelbare Wirkungen des Giftkrieges in Vietnam auf Menschen (und Umwelt) und ihre Fortwirkung als Altlast.* In: Fabig, Anita; Otte, Kathrin (Hg.): Umwelt, Macht und Medizin. Zur Würdigung des Lebenswerks von Karl-Rainer Fabig, Kassel 2007. S.233
[55] Gallo, Werner: *Die unmittelbare Wirkungen des Giftkrieges in Vietnam auf Menschen (und Umwelt) und ihre Fortwirkung als Altlast.* In: Fabig, Anita; Otte, Kathrin (Hg.): Umwelt, Macht und Medizin. Zur Würdigung des Lebenswerks von Karl-Rainer Fabig, Kassel 2007. S.233
[56] Stellmann, Jeanne Mager [et al.]: *The extent and Patterns of usage of Agent Orange and other herbicides in Vietnam*, in: Nature, Vol. 422, 17. April 2003, S.682
[57] Stellmann, Jeanne Mager [et al.]: *The extent and Patterns of usage of Agent Orange and other herbicides in Vietnam*, in: Nature, Vol. 422, 17. April 2003, S.682

der Ernte setzte das amerikanische Militär vorwiegend das arsenhaltige Agent Blue ein, dessen Verwendung auf Grund seiner Giftigkeit in den USA verboten war.[58] Etwa elf Prozent aller in Vietnam verwendeten Herbizide waren Agent Blue, das beim Menschen von Kopfschmerzen über Magenkrämpfen, Übelkeit bis hin zum Tod führen kann.[59]

Der Chemikalieneinsatz führte zur großflächigen Zerstörung der Landschaft, dem Verlust der Nahrungsgrundlage sowie zu Gesundheitsschäden weiter Bevölkerungsteile Südvietnams, was Empörung bei Menschen auf der ganzen Welt auslöste.[60] Vor allem Wissenschaftler protestierten gegen die Verwendung der Herbizide in Vietnam.[61] Seit 1966 wurden bei den Vollversammlungen der Vereinten Nationen zahlreiche Resolutionen eingebracht, die den USA einen Verstoß gegen das Genfer Giftgasprotokoll, das den Einsatz von chemischen und biologischen Waffen verbietet, vorwarfen.[62]

Im Jahr 1921 hatten amerikanische Diplomaten auf der Washingtoner Abrüstungskonferenz eine Resolution durchgesetzt, die jeden Einsatz von Chemiewaffen oder biologischen Waffen im Krieg untersagte und die 1925 als Genfer Protokoll ratifiziert wurde.[63] Im Gegensatz zu 1921 lehnte der US-Senat die Ratifizierung des Genfer Protokolls 1926 ab, was zur Folge hatte, dass die USA dem Protokoll erst 1975

---

[58] Gallo, Werner: *Die unmittelbare Wirkungen des Giftkrieges in Vietnam auf Menschen (und Umwelt) und ihre Fortwirkung als Altlast.* In: Fabig, Anita; Otte, Kathrin (Hg.): Umwelt, Macht und Medizin. Zur Würdigung des Lebenswerks von Karl-Rainer Fabig, Kassel 2007. S.233

[59] Westing, Arthur H.: *Herbicides in War: past and present.* In: Westing, Arthur H. (Hg.): Herbicides in War. The Long-term Ecological and Human Consequences, London 1984, S.14

[60] Kühner, Stefan: *Die Versprühung dioxinhaltiger Herbizide durch die US-Streitkräfte in Vietnam und das politische Engagement gegen den Vietnamkrieg.* In: Fabig, Anita; Otte, Kathrin (Hg.): Umwelt, Macht und Medizin. Zur Würdigung des Lebenswerks von Karl-Rainer Fabig, Kassel 2007. S.204

[61] Kühner, Stefan: *Die Versprühung dioxinhaltiger Herbizide durch die US-Streitkräfte in Vietnam und das politische Engagement gegen den Vietnamkrieg.* In: Fabig, Anita; Otte, Kathrin (Hg.): Umwelt, Macht und Medizin. Zur Würdigung des Lebenswerks von Karl-Rainer Fabig, Kassel 2007. S.209

[62] Jaeggi, Peter (Hg.): *Als mein Kind geboren wurde, war ich sehr traurig.* Spätfolgen des Chemiewaffeneinsatzes im Vietnamkrieg, Niederwil 2000, S.130

[63] Jaeggi, Peter (Hg.): *Als mein Kind geboren wurde, war ich sehr traurig.* Spätfolgen des Chemiewaffeneinsatzes im Vietnamkrieg, Niederwil 2000, S.124

beitraten, nachdem der Einsatz von Herbiziden in Vietnam bereits seit vier Jahren beendet war.[64]

Allerdings hatten die USA das Genfer Protokoll bis zum Beginn des Vietnamkriegs respektiert. Die Einrichtung des CDTC in Südvietnam und der Beginn der "Operation Ranch Hand" hatten dies geändert. Einem Bericht der *New York Times* zu Folge rechtfertigte die amerikanische Regierung im Jahr 1966 den Einsatz der Herbizide damit, dass die Wahl des Einsatzes chemischer Kampfstoffe weniger Soldaten das Leben gekostet hat, als wenn an ihrer Stelle mehr Bodentruppen entsendet worden wären.[65]

Das amerikanische Verteidigungsministerium hielt auch an dieser Strategie fest, als der Krieg in Vietnam immer weiter voranschritt. Ihren Höhepunkt erreichte der Einsatz der Herbizide im November des Jahres 1967, zur selben Zeit prüfte eine amerikanische Regierungskommission deren Effektivität im Kriegseinsatz.[66]

Die Kommission kam zu dem Schluss, dass die Zerstörung der Ernte keine positiven Auswirkungen auf den Kriegsverlauf hatte.

Sie beurteilte deren Einsatz als negativ, da die ländliche Bevölkerung durch die Vernichtung ihrer Nahrungsmittel gegen die Amerikaner aufgebracht wurde und sich daher eher der gegnerischen Seite zuwendete.[67]

Die Kommission kam somit zu dem Ergebnis, dass das ursprüngliche Ziel, die südvietnamesische Bevölkerung gegen den Widerstand aufzubringen durch den Einsatz der Herbizide ins Gegenteil umgekehrt worden war. Robert McNamara zeigte sich nicht erfreut darüber und ließ das Ergebnis, zu dem die Kommission gekommen war, einer Überprüfung unterziehen.

Das Verteidigungsministerium ließ daraufhin verlauten, dass die Vernichtung der Ernte sinnvoll und ein wesentliches Element der

---

[64] Jaeggi, Peter (Hg.): *Als mein Kind geboren wurde, war ich sehr traurig.* Spätfolgen des Chemiewaffeneinsatzes im Vietnamkrieg, Niederwil 2000, S.125f
[65] Welles, Benjamin: *Pentagon Backs Use of Chemicals.* To Continue Vietnam Tactics Despite Scientists' Protests, in: The New York Times, 21. September 1966, S.10
[66] Jaeggi, Peter (Hg.): *Als mein Kind geboren wurde, war ich sehr traurig.* Spätfolgen des Chemiewaffeneinsatzes im Vietnamkrieg, Niederwil 2000, S.36
[67] Jaeggi, Peter (Hg.): *Als mein Kind geboren wurde, war ich sehr traurig.* Spätfolgen des Chemiewaffeneinsatzes im Vietnamkrieg, Niederwil 2000, S.36

Kriegsführung in Südvietnam sei, weshalb das amerikanische Militär an seiner Strategie festhalte.[68] Ein Überdenken der Notwendigkeit des Einsatzes von Agent Orange und den anderen Herbiziden wurde nicht in Betracht gezogen, obwohl bekannt war, dass sie zu Gesundheitsschäden beim Menschen führen konnten.

Einem Bericht der Zeitschrift *Nature* zur Folge wurden während des Vietnamkriegs fast neun Prozent der Gesamtfläche Südvietnams mit den Herbiziden besprüht.[69] Vor 1965 wurden relativ kleine Gebiete in Südvietnam besprüht, was sich in der Folgezeit änderte. Das Besprühen kleinerer Gebiete führte allerdings dazu, dass die Verunreinigung mit Dioxin dort höher war, als in jenen Gegenden, die erst nach 1965 mit Herbiziden besprüht wurden.[70] Das ist darauf zurückzuführen, dass die gleiche Menge von Herbiziden auf einer kleineren Fläche versprüht wurde als bei Sprüheinsätzen, die nach 1965 stattgefunden haben.

Der massive Herbizideinsatz hatte allerdings für die amerikanische Regierung auch negative Aspekte, da er enorme Kosten verursachte. Bis zum Ende der Sprüheinsätze gab die US-Regierung insgesamt 72 354 Millionen Dollar für die Chemikalien aus.[71]

Das amerikanische Militär beendete den Einsatz von Agent Orange in Vietnam im Mai 1970.[72]

Dazu kam es, nachdem 1969 bei Tierversuchen nachgewiesen worden war, dass Dioxin zu Missbildungen bei Föten führt.

Kurze Zeit später startete die nichtstaatliche *American Association for Advancement of Science* im Jahr 1970 eine Expedition nach

---

[68] Jaeggi, Peter (Hg.): *Als mein Kind geboren wurde, war ich sehr traurig.* Spätfolgen des Chemiewaffeneinsatzes im Vietnamkrieg, Niederwil 2000, S.36
[69] Norman, Colin: *Academy reports on Vietnam herbicide damage,* in: Nature Vol.248, 15.März 1974, S.186
[70] Stellmann, Jeanne Mager [et al.]: *The extent and Patterns of usage of Agent Orange and other herbicides in Vietnam,* in: Nature, Vol. 422, 17. April 2003, S.682
[71] Jaeggi, Peter (Hg.): *Als mein Kind geboren wurde, war ich sehr traurig.* Spätfolgen des Chemiewaffeneinsatzes im Vietnamkrieg, Niederwil 2000, S.130
[72] Stellmann, Jeanne Mager [et al.]: *The extent and Patterns of usage of Agent Orange and other herbicides in Vietnam,* in: Nature, Vol. 422, 17. April 2003, S.682

Südvietnam, um vor Ort die Folgen des Einsatzes von Agent Orange zu untersuchen.[73]

Die Studie, die in Anschluss an die Expedition veröffentlicht wurde, kam zu dem Ergebnis, dass der Einsatz der Herbizide zu schweren ökologischen, gesundheitlichen und gesellschaftlichen Schäden in Vietnam geführt hat.[74] In Anschluss an diese Studie wurde zwar der Einsatz von Agent Orange in Vietnam beendet, allerdings endete die "Operation Ranch Hand" erst 1971. Obwohl der Einsatz von Agent Orange untersagt war, verwendeten amerikanische Offiziere bewusst weiterhin das Herbizid und handelten somit entgegen der Anweisung des Pentagons, wie die New York Times am 22. November 1970 berichtete.[75] Zur endgültigen Beendigung des Einsatzes von Herbiziden in Vietnam kam es, nachdem jegliche Verwendung von dioxinhaltigen Herbiziden in den USA im Jahr 1971 auf Grund ihrer Gesundheitsschädlichkeit untersagt worden war.[76] Dies führte zu einem Überdenken des Einsatzes der Chemikalien in Vietnam.

Nachdem Ende des Einsatzes der Herbizide begannen erste Untersuchungen über die Folgen des Einsatzes der Chemiewaffen durch die amerikanische Regierung.

Der US-Kongress ordnete 1970 erstmals eine Studie über die Folgen des Herbizideinsatzes in Vietnam an, die von der Nationalen Akademie der Wissenschaften durchgeführt werden sollte.[77]

Die Studie mit dem Namen *NAS-1974* stützte sich im Wesentlichen auf militärische Aufzeichnungen über die Sprüheinsätze, den so genannten *HERBS-Akten*.[78] *HERBS* steht nicht, wie es leicht zu

---

[73] Jaeggi, Peter (Hg.): *Als mein Kind geboren wurde, war ich sehr traurig.* Spätfolgen des Chemiewaffeneinsatzes im Vietnamkrieg, Niederwil 2000, S.20

[74] Jaeggi, Peter (Hg.): *Als mein Kind geboren wurde, war ich sehr traurig.* Spätfolgen des Chemiewaffeneinsatzes im Vietnamkrieg, Niederwil 2000, S.20

[75] o.V.: *Army Reports Officers Knew of Ban on Defoliant*, in New York Times, 22. November 1970, S.3

[76] Griffith, Philip Jones: *Agent Orange. "Collateral Damage in Viet Nam"*, London 2003, S.169

[77] Fabig, Karl-Rainer: *Betr. Dioxin – eine neue Rechnung.* In: Fabig, Anita; Otte, Kathrin (Hg.): Umwelt, Macht und Medizin. Zur Würdigung des Lebenswerks von Karl-Rainer Fabig, Kassel 2007, S.19

[78] Fabig, Karl-Rainer: *Betr. Dioxin – eine neue Rechnung.* In: Fabig, Anita; Otte, Kathrin (Hg.): Umwelt, Macht und Medizin. Zur Würdigung des Lebenswerks von Karl-Rainer Fabig, Kassel 2007, S.19

vermuten wäre für die deutsche Übersetzung des englischen Wortes für Kräuter, sondern es handelt sich bei dem Namen um eine Abkürzung, die für „Herbicide Report System" steht.[79]

Die Studie kam zu dem Schluss, dass die tatsächlich versprühte Menge von Herbiziden um 7 131 907 Liter höher war, als bis dato angenommen wurde und dass zehn Prozent der Einsätze nicht registriert worden waren.[80]

Die amerikanische Regierung veröffentlichte 1983 Angaben über die während des Vietnamkriegs versprühten Herbizidmengen.

Demnach wurden etwa 44 Millionen Liter Agent Orange, 20 Millionen Liter Agent White und acht Millionen Liter Agent Blue über den Wäldern und Feldern Südvietnams versprüht.[81]

Dabei wurde von amerikanischer Regierungsseite festgestellt, dass sich die während des Einsatzes freigesetzte Menge Dioxin auf 170 Kilogramm belaufen habe.[82]

Auf Grund der gesundheitlichen Schäden vieler Menschen in Vietnam behaupten vietnamesische Wissenschaftler, dass die tatsächlich freigesetzte Menge von Dioxin in Vietnam höher sein muss, als die von der US-Regierung bestätigten 170 Kilogramm.[83]

Aus diesem Grund sind Neuberechnungen der tatsächlich versprühten Menge von Dioxin äußerst wichtig.

Es ist allerdings problematisch genaue Angaben über die tatsächlich versprühte Menge von Dioxin zu machen, da nicht bekannt ist, wie hoch die Dioxinkonzentration in Agent Orange im Einzelnen war. Außerdem ist wenig über die Zusammensetzung der anderen

[79] Fabig, Karl-Rainer: *Betr. Dioxin – eine neue Rechnung.* In: Fabig, Anita; Otte, Kathrin (Hg.). Umwelt, Macht und Medizin. Zur Würdigung des Lebenswerks von Karl-Rainer Fabig, Kassel 2007, S.19

[80] Fabig, Karl-Rainer: *Betr. Dioxin – eine neue Rechnung.* In: Fabig, Anita; Otte, Kathrin (Hg.): Umwelt, Macht und Medizin. Zur Würdigung des Lebenswerks von Karl-Rainer Fabig, Kassel 2007, S.19

[81] Fabig, Karl-Rainer: *Betr. Dioxin – eine neue Rechnung.* In: Fabig, Anita; Otte, Kathrin (Hg.): Umwelt, Macht und Medizin. Zur Würdigung des Lebenswerks von Karl-Rainer Fabig, Kassel 2007, S.18

[82] Fabig, Karl-Rainer: *Betr. Dioxin – eine neue Rechnung.* In: Fabig, Anita; Otte, Kathrin (Hg.): Umwelt, Macht und Medizin. Zur Würdigung des Lebenswerks von Karl-Rainer Fabig, Kassel 2007, S.19

[83] Fabig, Karl-Rainer: *Betr. Dioxin – eine neue Rechnung.* In: Fabig, Anita; Otte, Kathrin (Hg.): Umwelt, Macht und Medizin. Zur Würdigung des Lebenswerks von Karl-Rainer Fabig, Kassel 2007, S.19

Herbizide, wie Agent Green, Pink und Purple bekannt, die vom amerikanischen Militär im Vietnamkrieg eingesetzt wurden.[84] Es ist jedoch sicher, dass alle drei Herbizide eine erhöht Dioxinkonzentration aufwiesen.[85] Des Weiteren fehlen genaue Angaben darüber, wie viel dieser Herbizide vom amerikanischen Militär erworben und versprüht wurde.[86]

Aufzeichnungen der US-Army zeigen, dass mindestens 464 164 Liter Agent Pink und 31 026 Liter Agent Green im Besitz des Militärs waren.[87] Es ist bekannt, dass von dieser Menge 50 000 Liter über Vietnam versprüht wurden. Hinzu kommen weitere 1,9 Millionen Liter Agent Purple, die über den Wäldern Südvietnams versprüht wurden.[88]

Wissenschaftler des amerikanischen Militärs haben wiederholt behauptet, dass die Verunreinigung von dem in Vietnam verwendeten 2,4,5-T mit Dioxin bei circa drei ppm gelegen habe.[89]

Die Zeitschrift *Nature* führte Untersuchungen zur Dioxin-kontamination in Vietnam durch und kam zu dem Ergebnis, dass die tatsächlich versprühte Menge Dioxin deutlich höher sein muss, als von amerikanischer Seite behauptet wurde.[90] Im Rahmen dieser Untersuchung wurden Proben von zu entsorgenden Fässern, in denen die Herbizide gelagert wurden und dem Boden genommen und anschließend im Labor analysiert. Es wurde dabei festgestellt, dass die

---

[84] Fabig, Karl-Rainer: *Betr. Dioxin – eine neue Rechnung.* In: Fabig, Anita; Otte, Kathrin (Hg.): Umwelt, Macht und Medizin. Zur Würdigung des Lebenswerks von Karl-Rainer Fabig, Kassel 2007, S.20

[85] Fabig, Karl-Rainer: *Betr. Dioxin – eine neue Rechnung.* In: Fabig, Anita; Otte, Kathrin (Hg.): Umwelt, Macht und Medizin. Zur Würdigung des Lebenswerks von Karl-Rainer Fabig, Kassel 2007, S.20

[86] Fabig, Karl-Rainer: *Betr. Dioxin – eine neue Rechnung.* In: Fabig, Anita; Otte, Kathrin (Hg.): Umwelt, Macht und Medizin. Zur Würdigung des Lebenswerks von Karl-Rainer Fabig, Kassel 2007, S.20

[87] Fabig, Karl-Rainer: *Betr. Dioxin – eine neue Rechnung.* In: Fabig, Anita; Otte, Kathrin (Hg.): Umwelt, Macht und Medizin. Zur Würdigung des Lebenswerks von Karl-Rainer Fabig, Kassel 2007, S.20

[88] Fabig, Karl-Rainer: *Betr. Dioxin – eine neue Rechnung.* In: Fabig, Anita; Otte, Kathrin (Hg.): Umwelt, Macht und Medizin. Zur Würdigung des Lebenswerks von Karl-Rainer Fabig, Kassel 2007, S.20

[89] Fabig, Karl-Rainer: *Betr. Dioxin – eine neue Rechnung..* In: Fabig, Anita; Otte, Kathrin (Hg.): Umwelt, Macht und Medizin. Zur Würdigung des Lebenswerks von Karl-Rainer Fabig, Kassel 2007, S.21

[90] Stellmann, Jeanne Mager [et al.]: *The extent and Patterns of usage of Agent Orange and other herbicides in Vietnam,* in: Nature, Vol. 422, 17. April 2003, S.682f

durchschnittliche Dioxinkonzentration nicht wie vom amerikanischen Militär behauptet wurde bei drei ppm lag, sondern bei 13 ppm.[91] Besonders zu Beginn des Einsatzes der Herbizide wiesen diese einen erhöhten Gehalt an Dioxin auf. Hinzu kamen bei der Untersuchung der Zeitschrift *Nature* vom 17. April 2003 auch Angaben über die anderen dioxinhaltigen Herbizide, die neben Agent Orange in Vietnam verwendet wurden. Auf Grund dieser Informationen kamen die Wissenschaftler zu dem Schluss, dass sich die freigesetzte Menge von Dioxin während des Vietnamkriegs auf etwa 366 Kilogramm belaufen hat.[92] Allerdings sind dies keine definitiven Angaben über die tatsächlich versprühte Dioxinmenge, da nicht bekannt ist, wie viele Herbizide vom amerikanischen Militär von Lastwagen, Schiffen, aus Hubschraubern und per Handgeräten, sowie von der südvietnamesischer Armee versprüht worden waren.[93] Diese Untersuchung hat aber gezeigt, dass die tatsächlich versprühte Menge von Dioxin deutlich über der von der amerikanischen Regierung bestätigten Menge lag. Eine Neuberechnung der tatsächlich versprühten Menge von Dioxin ist daher notwendig, um das Ausmaß der dadurch verursachten Schäden in Vietnam ermitteln zu können.

---

[91] Stellmann, Jeanne Mager [et al.]: *The extent and Patterns of usage of Agent Orange and other herbicides in Vietnam,* in: Nature, Vol. 422, 17. April 2003, S.683f
[92] Stellmann, Jeanne Mager [et al.]: *The extent and Patterns of usage of Agent Orange and other herbicides in Vietnam*, in: Nature, Vol. 422, 17. April 2003, S.684
[93] Stellmann, Jeanne Mager [et al.]: *The extent and Patterns of usage of Agent Orange and other herbicides in Vietnam*, in: Nature, Vol. 422, 17. April 2003, S.684

4.1   Die Zusammensetzung von Agent Orange

Die Bedeutung von Agent Orange für Vietnam lässt sich anhand seiner Zusammensetzung erklären und dadurch, dass es das am Meisten versprühte Herbizid während des Vietnamkriegs war. Es bestand aus einer 50-zu-50-Mischung der beiden Herbizide 2,4-D und 2,4,5-T, die zu dieser Zeit auch in der amerikanischen Landwirtschaft zur Unkrautvernichtung eingesetzt wurden.[94] Besonders weitreichende Folgen hatte der Einsatz von Agent Orange, da bei der Herstellung von 2,4,5-T als unerwünschtes, aber unvermeidbares Nebenprodukt hochgiftiges Dioxin (TCDD) bei der Synthese von organischen Chlorverbindungen entstand. Erschwerend kam im Vietnamkrieg hinzu, dass die Chemiekonzerne[95], die das Herbizid produzierten, es übereilt hergestellt hatten, was zu einer erhöhten Dioxinkonzentration in Agent Orange führte.[96] Der Dioxingehalt in dem Herbizid variierte stark je nach Hersteller und Produktion.

In dem in Vietnam eingesetzten Agent Orange lag der Dioxingehalt laut der Zeitschrift *Nature* zwischen 0,07ppm und 50ppm.[97] Im Vergleich dazu war die Dioxinkonzentration der in der amerikanischen Landwirtschaft eingesetzten Herbizide deutlich geringer. Hier lag der maximale Dioxingehalt bei 0,05ppm, was einem Tausendstel der maximalen Konzentration von TCDD in dem in Vietnam verwendeten Agent Orange entsprach.[98] Agent Orange erfreute sich besonderer Beliebtheit beim Militär, da es ein sehr effektives Herbizid war, das die Pflanzen besonders schnell zerstörte. Aus diesem Grund war es auch das am meisten verwendete Herbizid im Vietnamkrieg.

---

[94] Jaeggi, Peter (Hg.): *Als mein Kind geboren wurde, war ich sehr traurig.* Spätfolgen des Chemiewaffeneinsatzes im Vietnamkrieg, Niederwil 2000, S.17
[95] Hauptproduzenten der Herbizide waren die amerikanischen Chemiekonzerne Dow Chemicals und MONSANTO
[96] Jaeggi, Peter (Hg.): *Als mein Kind geboren wurde, war ich sehr traurig.* Spätfolgen des Chemiewaffeneinsatzes im Vietnamkrieg, Niederwil 2000, S.17
[97] Hay, Alastair: *Toxic cloud over Seveso*, in: Nature Vol.262, 19. August 1976, S.637
[98] Jaeggi, Peter (Hg.): *Als mein Kind geboren wurde, war ich sehr traurig.* Spätfolgen des Chemiewaffeneinsatzes im Vietnamkrieg, Niederwil 2000, S.17

Nach amerikanischen Regierungsangaben wurden etwa 44 Millionen Liter Agent Orange über Vietnam versprüht, was einer Kontamination mit 170 kg Dioxin entspricht, wenn man von den amerikanischen Regierungsangaben ausgeht, dass Agent Orange im Durchschnitt 13ppm TCDD enthielt.[99]

Diese Zahlen machen deutlich, welches Ausmaß die Verunreinigung mit Dioxin in Vietnam annimmt.

---

[99] Fabig, Karl-Rainer: *Betr. Dioxin – eine neue Rechnung.* In: Fabig, Anita; Otte, Kathrin (Hg.): Umwelt, Macht und Medizin. Zur Würdigung des Lebenswerks von Karl-Rainer Fabig, Kassel 2007, S.18

4.2 Die Auswirkungen von Dioxin auf den menschlichen Organismus

Dioxin ist für den menschlichen Organismus hochgiftig und verursacht Gesundheitsschäden bei Mensch und Tier. Die Giftigkeit von Dioxin ist mit der von Strychnin vergleichbar, beim Menschen liegt die tödliche Dosis bei unter 5mg pro Kilogramm Körpergewicht.[100] Dies macht deutlich, welche gesundheitliche Gefahr von Dioxin für den Menschen ausgeht.

Das sicherlich bekannteste und am leichtesten zu erkennende Symptom einer Dioxinvergiftung ist die so genannte Chlorakne. Dabei handelt es sich um eine Hauterkrankung, bei der es zu Veränderungen der Haut kommt, die einer Akne ähneln. Hinzu kommen weitere Symptome, die meist erst nach einiger Zeit auftreten und schwerer mit einer Dioxinvergiftung in Verbindung zu bringen sind als die Chlorakne.

Der menschliche Organismus wird auf lange Sicht durch das Dioxin geschädigt, da es das Immunsystem hemmt, was bereits ab 1ng TCDD pro Kilogramm Körpergewicht geschieht.[101] Des Weiteren ist es ein Krebspromotor, was bedeutet, dass die Wirkung von krebserregenden Stoffen im Organismus durch das Dioxin verstärkt wird, indem es die T-Helferzellen lähmt und DNA-Ablesefehler verstärkt.

Seit 1998 gilt auch Dioxin selbst als humankanzerogen, das heißt, es löst Krebs beim Menschen aus.[102] Außerdem wirkt Dioxin neurotoxisch und verursacht Schäden am Zentralen Nervensystem (ZNS), die zum Teil aber bis zu 20 Jahre später auftreten können.

---

[100]Hay, Alastair: *Toxic cloud over Seveso*, in: Nature Vol.262, 19. August 1976, S.636
[101] Gallo, Werner: *Die unmittelbare Wirkungen des Giftkrieges in Vietnam auf Menschen (und Umwelt) und ihre Fortwirkung als Altlast.* In: Fabig, Anita; Otte, Kathrin (Hg.): Umwelt, Macht und Medizin. Zur Würdigung des Lebenswerks von Karl-Rainer Fabig, Kassel 2007. S.237
[102] Gallo, Werner: *Die unmittelbare Wirkungen des Giftkrieges in Vietnam auf Menschen (und Umwelt) und ihre Fortwirkung als Altlast.* In: Fabig, Anita; Otte, Kathrin (Hg.): Umwelt, Macht und Medizin. Zur Würdigung des Lebenswerks von Karl-Rainer Fabig, Kassel 2007. S.238

Folgen sind motorische Störungen, Muskelzucken und –zittern, sowie fehlende Bewegungskoordination.[103]

Des Weiteren besitzt Dioxin eine mutagene Wirkung, es verändert das Erbgut und führt somit zu schweren Missbildungen bei Föten. Untersuchungen haben gezeigt, dass bei Bevölkerungsteilen, die einer erhöhten Dioxinkonzentration ausgesetzt sind, ein Anstieg der Missbildungs- und Fehlgeburtenrate festzustellen ist.[104] Es ist allerdings äußerst schwierig, einen direkten Zusammenhang zwischen den Genschädigungen und Dioxin nachzuweisen.

Die Gefährlichkeit von Dioxinen für den menschlichen Organismus wird noch dadurch verstärkt, dass es vom Körper nicht abgebaut werden kann, sondern sich über die Jahre im Fettgewebe von Menschen und Tieren anreichert, was seine toxische Wirkung weiter verstärkt.[105] Die Zerfallsdauer von Dioxin ist nicht bekannt, man weiß allerdings, dass es sich erst ab 800 Grad Celsius zersetzt, was eine Dekontamination verseuchter Gebiete erschwert.[106] Somit bleiben Dioxine für unbestimmte Zeit in der Umwelt und gelangen auf diesem Weg in die Nahrungskette. Die Gefährlichkeit von Dioxin wurde für die Öffentlichkeit vor allem durch Chemieunfälle deutlich. Wodurch vielen Menschen erst bewusst wurde, welche Auswirkungen Dioxine auf den menschlichen Organismus haben. Unfälle hatte es bei Chemiefabriken immer wieder gegeben, meist waren die Betroffenen die Fabrikarbeiter oder die Menschen, die in der direkten Nachbarschaft der Fabriken lebten. So hatte es 1953 einen Unfall mit Dioxin bei dem Chemiekonzern BASF in Ludwigshafen am Rhein gegeben.

---

[103] Jaeggi, Peter (Hg.): *Als mein Kind geboren wurde, war ich sehr traurig.* Spätfolgen des Chemiewaffeneinsatzes im Vietnamkrieg, Niederwil 2000, S.41
[104] Gallo, Werner: *Die unmittelbare Wirkungen des Giftkrieges in Vietnam auf Menschen (und Umwelt) und ihre Fortwirkung als Altlast.* In: Fabig, Anita; Otte, Kathrin (Hg.): Umwelt, Macht und Medizin. Zur Würdigung des Lebenswerks von Karl-Rainer Fabig, Kassel 2007. S.239
[105] Jaeggi, Peter (Hg.): *Als mein Kind geboren wurde, war ich sehr traurig.* Spätfolgen des Chemiewaffeneinsatzes im Vietnamkrieg, Niederwil 2000, S.55
[106] Gallo, Werner: *Die unmittelbare Wirkungen des Giftkrieges in Vietnam auf Menschen (und Umwelt) und ihre Fortwirkung als Altlast.* In: Fabig, Anita; Otte, Kathrin (Hg.): Umwelt, Macht und Medizin. Zur Würdigung des Lebenswerks von Karl-Rainer Fabig, Kassel 2007. S.240

In Folge dessen erlitten 42 Arbeiter schwere Hautkrankheiten und in den Versuchslaboratorien verendeten dutzende Kaninchen an einem Zerfall der Leber.[107] Dieser Unfall erregte allerdings kein großes öffentliches Aufsehen, dies geschah erst im Juli 1976, nachdem es im italienischen Seveso zu einem Chemieunfall mit Dioxin gekommen war. Am 10. Juli 1976 war es bei der Firma Icmesa in Seveso bei Mailand zu dem Bruch eines Sicherheitsventils gekommen, wodurch 250 Gramm hochgiftiges Dioxin freigesetzt wurden.

Als Folge des Chemieunfalls wurden Hautkrankheiten und ein Anstieg der Krebsrate bei der betroffenen Bevölkerung und den Arbeitern der Fabrik beobachtet. Des Weiteren mussten etwa 77 000 Tiere notgeschlachtet und die betroffenen Landstriche dekontaminiert werden.[108] Durch den Unfall von Seveso, der sich mitten in Europa ereignet hatte, wurde der Öffentlichkeit deutlich, welche Gefahr von Dioxin ausgeht. Nach einem Bericht der Zeitschrift *Nature*, stoppte die Firma Bayer nach dem Unfall von Seveso die Herstellung von 2,4,5-T.[109] Es muss aber hinzugefügt werden, dass Dioxin keine künstliche Substanz ist und in unserer Umwelt immer schon präsent war. Allerdings gibt die Environmental Protection Agency an, dass 98 Prozent des Dioxins in der Umwelt menschlichem Handeln entstammt und somit künstlich hergestellt wurde.[110]

---

[107] Jaeggi, Peter (Hg.): *Als mein Kind geboren wurde, war ich sehr traurig.* Spätfolgen des Chemiewaffeneinsatzes im Vietnamkrieg, Niederwil 2000, S.37
[108] Jaeggi, Peter (Hg.): *Als mein Kind geboren wurde, war ich sehr traurig.* Spätfolgen des Chemiewaffeneinsatzes im Vietnamkrieg, Niederwil 2000, S.37
[109] Hay, Alastair: *Toxic cloud over Seveso*, in: Nature Vol.262, 19. August 1976, S.637
[110] Griffith, Philip Jones: *Agent Orange. "Collateral Damage in Viet Nam"*, London 2003, S. 172

4.3 Der Umgang mit den Herbizidüberresten und deren Entsorgung

Im Umgang mit den leeren Behältern, in denen sich die Herbizide befunden hatten, handelten die Menschen in Vietnam äußerst nachlässig.[111] Die Fässer, die jeweils 208 Liter Flüssigkeit fassten, waren auch wenn sie geleert wurden nicht vollständig leer. An Restflüssigkeit blieben immer rund zwei Prozent in den Fässern zurück.[112] Dies war auch der Fall, wenn sie komplett ausgespült wurden, wobei sich hier noch die Frage stellt, was mit dem restlichen Spülwasser geschah. Wie viel Dioxin auf diesem Weg in die Umwelt gelangte, ist nicht bekannt. Die leeren Fässer waren bei der vietnamesischen Bevölkerung sehr beliebt, da sie sie vielfältig nutzen konnten. Dadurch dass in den Fässern aber immer eine Restmenge an Herbiziden enthalten war, kam es immer wieder zur ungewollten Kontamination von Nutzflächen, wie Feldern oder Gärten, wenn diese zum Beispiel während der Feldarbeit in die Umwelt gelangten.[113] Die Menschen benutzen die vermeintlich leeren Fässer auch zur Lagerung von Lebensmitteln, wodurch sie unbewusst einer großen Gesundheitsgefahr ausgesetzt waren. Erst im Jahr 1969 erteilt die südvietnamesische Regierung Auflagen über die Entsorgung der leeren Fässer, nachdem es in Da Nang zu einem „Entlaubungsunfall" gekommen war.[114] Nachdem das amerikanische Militär den Einsatz von Entlaubungs-mitteln im Vietnamkrieg beendet hatte, stellte sich die Frage, was mit den verbleibenden Chemikalien geschehen sollte. Offiziell wurde von amerikanischer Seite die Verwendung von Agent

---

[111] Fabig, Karl-Rainer: *Betr. Dioxin – eine neue Rechnung.* In: Fabig, Anita; Otte, Kathrin (Hg.): Umwelt, Macht und Medizin. Zur Würdigung des Lebenswerks von Karl-Rainer Fabig, Kassel 2007, S.23
[112] Fabig, Karl-Rainer: *Betr. Dioxin – eine neue Rechnung.* In: Fabig, Anita; Otte, Kathrin (Hg.): Umwelt, Macht und Medizin. Zur Würdigung des Lebenswerks von Karl-Rainer Fabig, Kassel 2007, S.23
[113] Fabig, Karl-Rainer: *Betr. Dioxin – eine neue Rechnung.* In: Fabig, Anita; Otte, Kathrin (Hg.): Umwelt, Macht und Medizin. Zur Würdigung des Lebenswerks von Karl-Rainer Fabig, Kassel 2007, S.23
[114] Fabig, Karl-Rainer: *Betr. Dioxin – eine neue Rechnung.* In: Fabig, Anita; Otte, Kathrin (Hg.): Umwelt, Macht und Medizin. Zur Würdigung des Lebenswerks von Karl-Rainer Fabig, Kassel 2007, S.23

Orange im Mai 1970 beendet.[115] Allerdings befanden sich zu diesem Zeitpunkt, wie die *New York Times* berichtete, noch rund 1,5 Millionen Gallonen Agent Orange in Südvietnam.[116] Diese waren offiziell Eigentum der südvietnamesischen Regierung, die Das Herbizid jeder Zeit einsetzen konnten, was sie auch taten.[117]Amerikanische Wissenschaftler drängten aus diesem Grund darauf, dass die Herbizide wieder in amerikanische Hände gelangen sollten, um anschließend fachgerecht entsorgt oder in den USA gelagert zu werden. Bereits im Dezember 1970 verbrannte die US Air-Force eine unbekannte Menge Agent Orange auf dem Motor-Verbrennungsschiff Vulcanus.[118] Dies ist eine äußerst bedenkliche Maßnahme, da durch das Verbrennen das in Agent Orange enthaltende Dioxin freigesetzt und die Umwelt zusätzlich belastet wurde. Was allerdings mit den restlichen Herbiziden geschah, die sich noch in Vietnam befanden und nicht verbrannt wurden, ist unklar.[119]

---

[115] Fabig, Karl-Rainer: *Betr. Dioxin – eine neue Rechnung.* In: Fabig, Anita; Otte, Kathrin (Hg.): Umwelt, Macht und Medizin. Zur Würdigung des Lebenswerks von Karl-Rainer Fabig, Kassel 2007, S.23

[116] Mitgang, Herbert: *A Dying Land – Casualty Of War*, in: The New York Times, 10. Okt. 1971, S.E2

[117] Mitgang, Herbert: *A Dying Land – Casualty Of War*, in: The New York Times, 10. Okt. 1971, S.E2

[118] Fabig, Karl-Rainer: *Betr. Dioxin – eine neue Rechnung.* In: Fabig, Anita; Otte, Kathrin (Hg.): Umwelt, Macht und Medizin. Zur Würdigung des Lebenswerks von Karl-Rainer Fabig, Kassel 2007, S.23

[119] Fabig, Karl-Rainer: *Betr. Dioxin – eine neue Rechnung.* In: Fabig, Anita; Otte, Kathrin (Hg.): Umwelt, Macht und Medizin. Zur Würdigung des Lebenswerks von Karl-Rainer Fabig, Kassel 2007, S.23

5 Die Langzeitauswirkungen des Einsatzes von Herbiziden während des Vietnamkriegs

5.1 Die Folgen des Einsatzes von Herbiziden für die Umwelt Vietnams

Die Wälder in Vietnam sind bis heute vom Krieg und dem Einsatz der Herbizide gezeichnet. Vor Beginn des Krieges waren 60 Prozent der Gesamtfläche Südvietnams bewaldet.[120] Die Entlaubung großer Teile des Waldbestandes des südostasiatischen Landes hat dessen Landschaftsbild nachhaltig verändert. Nach dem vietnamesischen Ökologen Vo Quy wurde der Begriff des Ökozids durch den Vietnamkrieg in den 1960er Jahren geprägt.[121] Die Schäden, die durch diesen Krieg der Umwelt zugefügt wurden, waren bis dato noch nie dagewesen. Dies betrifft sowohl den Umfang, als auch die Intensität der Zerstörung der Pflanzen- und Tierwelt durch die Herbizide im Verlauf des Vietnamkriegs.[122] Es geschah ein bewusster Angriff auf die verschiedenen Ökosysteme des Landes, die nach Angaben des US-Militärs dem Feind Unterschlupf gewähren würden. Dabei wurde die Zerstörung der Natur billigend in Kauf genommen und die Biodiversität[123] des Landes auf Dauer geschädigt.

Dies geschah nicht nur durch den Einsatz von Herbiziden, sondern auch durch Bomben, Munition, Minen und Napalm.

Durch den massiven Einsatz von Bomben und Herbiziden kam es zu einer sofortigen und nachhaltigen Schädigung der Flora und Fauna in den von den Kriegseinsätzen betroffenen Gebieten Vietnams. Folgen des Herbizideinsatzes für die Flora des Landes sind die Dezimierung des Waldbestandes und die Abnahme der Artenvielfalt durch das

---

[120] Westing, Arthur H.: *Herbicides in War: past and present.* In: Westing, Arthur H. (Hg.): Herbicides in War. The Long-term Ecological and Human Consequences, London 1984, S.9

[121] Quy, Vo: *Ökozid in Vietnam – Erforschung und Wiederherstellung der Umwelt.* In: Fabig, Anita; Otte, Kathrin (Hg.): Umwelt, Macht und Medizin. Zur Würdigung des Lebenswerks von Karl-Rainer Fabig, Kassel 2007, S.218

[122] Quy, Vo: *Ökozid in Vietnam – Erforschung und Wiederherstellung der Umwelt.* In: Fabig, Anita; Otte, Kathrin (Hg.): Umwelt, Macht und Medizin. Zur Würdigung des Lebenswerks von Karl-Rainer Fabig, Kassel 2007, S.218

[123] Artenvielfalt

Verschwinden von einzelnen Pflanzenarten. So gibt es verschiedene Baumarten in Südvietnam heute nicht mehr, wie zum Beispiel einige Dipterocarpaceae-Arten, die zuvor den größten Teil des Baumbestandes des tropischen Regenwaldes Südvietnams ausgemacht hatten.[124] Hinzu kommt, dass schnellwachsende Baumarten sich nun gegen die ursprünglichen Arten durchsetzen konnten und diese verdrängten, was das Landschaftsbild dauerhaft verändert hat. Dies zeigt, inwieweit der Einsatz der Herbizide weite Teile Südvietnams auf Dauer zerstörte und schädigte. Der vietnamesische Ökologe Vo Quy geht des Weiteren davon aus, dass circa zwei Millionen Hektar des tropischen Regenwaldes im Vietnamkrieg zerstört wurden.[125] Etwa 3,3 Millionen Hektar der Fläche Vietnams waren den Chemikalien während des Krieges in den 1960er Jahren ausgesetzt, dies hatte den Verlust von über 100 Millionen Kubikmetern Nutzholz zur Folge.[126] Erdrutsche und Überschwemmungen resultierten aus dem Verlust großer Teile der Regen- und Mangrovenwälder. Hinzu kommen klimatische Veränderungen, die aus dem Verlust der Wälder resultieren.[127] Neben den Schäden an der Flora des Landes war auch die Fauna von den Herbizideinsätzen betroffen. Durch die Zerstörung der Waldbestände verloren viele Tierarten ihren natürlichen Lebensraum, wodurch sie entweder ausstarben oder ihre Zahl so stark dezimiert wurde, dass sie heute vom Aussterben bedroht sind.[128] Die Wiederaufforstung des Waldbestandes ist daher von großer

---

[124] Quy, Vo: *Ökozid in Vietnam – Erforschung und Wiederherstellung der Umwelt.* In: Fabig, Anita; Otte, Kathrin (Hg.): Umwelt, Macht und Medizin. Zur Würdigung des Lebenswerks von Karl-Rainer Fabig, Kassel 2007, S.218

[125] Jaeggi, Peter (Hg.): *Als mein Kind geboren wurde, war ich sehr traurig.* Spätfolgen des Chemiewaffeneinsatzes im Vietnamkrieg, Niederwil 2000, S.38

[126] Quy, Vo: *Ökozid in Vietnam – Erforschung und Wiederherstellung der Umwelt.* In: Fabig, Anita; Otte, Kathrin (Hg.): Umwelt, Macht und Medizin. Zur Würdigung des Lebenswerks von Karl-Rainer Fabig, Kassel 2007, S.221

[127] Quy, Vo: *Ökozid in Vietnam – Erforschung und Wiederherstellung der Umwelt.* In: Fabig, Anita; Otte, Kathrin (Hg.): Umwelt, Macht und Medizin. Zur Würdigung des Lebenswerks von Karl-Rainer Fabig, Kassel 2007, S.222

[128] Quy, Vo: *Ökozid in Vietnam – Erforschung und Wiederherstellung der Umwelt.* In: Fabig, Anita; Otte, Kathrin (Hg.): Umwelt, Macht und Medizin. Zur Würdigung des Lebenswerks von Karl-Rainer Fabig, Kassel 2007, S.221f

Wichtigkeit für das ganze Land, allerdings stehen dafür in Vietnam nur begrenzte finanzielle Mittel zur Verfügung.

Viele Landstriche wurden während des Krieges mehrfach mit Herbiziden besprüht, was dazu führt, dass in diesen Gegenden bis heute keine Bäume zurückgekehrt sind. In diesen Gebieten, die etwa 40 Prozent der insgesamt besprühten Fläche ausmachen, wächst heute wildes Gras bis zu drei Metern in die Höhe und bedeckt die ehemals bewaldeten Gebiete Südvietnams.[129] Durch das Verschwinden der Bäume verlor der Boden seine Festigkeit, was dazu führte, dass der Monsunregen die oberste Bodenschicht mitsamt seinen Nährstoffen wegspülen konnte. Dies wiederum hatte zur Folge, dass Gräser oder Bambus in diesen Gebieten wuchsen, wodurch eine natürliche Wiederaufforstung nicht möglich war. Dies stellte einen massiven Eingriff in das Ökosystem des Landes dar und hat es nachhaltig verändert. Vor allem die Gebiete, die mehrfach während des Kriegs mit Herbiziden besprüht wurden, leiden unter den Langzeitfolgen der Chemikalien, da einheimische Baumarten auf natürliche Weise nicht in diese Gebiete zurückkehren können.[130] Nur mit Hilfe von kostspieligen Aufforstungsprogrammen kann hier eine Wiederherstellung des natürlichen Ökosystems erfolgreich sein.

Neben den Wäldern sind auch die Wassersysteme des Landes von den Folgen des Einsatzes der Entlaubungsmittel betroffen.

Viele der im Wasser lebenden Tiere und Pflanzen starben durch die Herbizide und die Gewässer trugen dazu bei, dass die Chemikalien weiter im Land verbreitet wurden.

Das A Luoi Tal in Südvietnam ist ein Beispiel für die Auswirkungen der Herbizideinsätze während des Vietnamkriegs auf ein Ökosystem. Vor Beginn des Krieges gab es dort eine große Vielfalt von Baumarten, bei denen es sich vor allem um verschiedene Harthölzer und andere seltene Arten gehandelt hat. Des Weiteren war die vielfältige Fauna des Tales typisch für einen indochinesischen

[129] Griffith, Philip Jones: *Agent Orange. "Collateral Damage in Viet Nam"*, London 2003, S. 20
[130] Quy, Vo: *Ökozid in Vietnam – Erforschung und Wiederherstellung der Umwelt*. In: Fabig, Anita; Otte, Kathrin (Hg.): Umwelt, Macht und Medizin. Zur Würdigung des Lebenswerks von Karl-Rainer Fabig, Kassel 2007, S.222

Tropenwald. Dort lebten viele seltene Tierarten, wie Elefanten, Tiger, Panther, verschiedene Affenarten und malaysische Bären. Außerdem gab es dort einen großen Fischbestand, der den Menschen als natürliche Nahrungsquelle diente. Während des Krieges befanden sich drei Militärstützpunkte im A Luoi Tal, in den Jahren von 1966 bis 1970 wurde das gesamte Gebiet regelmäßig mit Agent Orange und anderen Herbiziden besprüht, des Weiteren richteten Bomben und Minen in der Region großen Schaden an.[131] Zwischen den Jahren 1966 und 1969 ereigneten sich die meisten der Herbizideinsätze in dieser Region.[132] Das Tal war besonders stark von den Militäreinsätzen betroffen, da weite Teile des Ho-Chi-Minh Pfades, der den Vietcong als Versorgungweg diente, durch dieses Gebiet verliefen.[133] Durch die Vernichtung des Waldes im Verlauf des Vietnamkriegs wurde den Tieren in der Region der Lebensraum genommen, wodurch viele der dort lebenden Tierarten völlig aus dem A Luoi Tal verschwanden. Nach einem Bericht der Zeitschrift *Nature* lebten vor dem Krieg in einem einzigen Waldabschnitt des A Luoi Tales 170 Vogel- und 55 Säugetierarten, nach Kriegsende wurden dort nur noch 24 Vogel- und 5 Säugetierarten gezählt.[134] Dies zeigt, welche Auswirkungen der Krieg auf den Tierbestand in diesem Landstrich hat und inwieweit er dadurch dezimiert wurde. Die Zeitschrift *Nature* berichtete des Weiteren in demselben Artikel vom 17. März 1983, dass 10,3 Prozent der Inlandwälder, 36,1 Prozent der Mangrovenwälder und drei Prozent der Felder Vietnams mit Herbiziden besprüht wurden. Zur Zerstörung der Wälder wurde hauptsächlich das dioxinhaltige Entlaubungsmittel Agent Orange und

---

[131] Quy, Vo: *Ökozid in Vietnam – Erforschung und Wiederherstellung der Umwelt.* In: Fabig, Anita; Otte, Kathrin (Hg.): Umwelt, Macht und Medizin. Zur Würdigung des Lebenswerks von Karl-Rainer Fabig, Kassel 2007, S.223
[132] Quy, Vo: *Ökozid in Vietnam – Erforschung und Wiederherstellung der Umwelt.* In: Fabig, Anita; Otte, Kathrin (Hg.): Umwelt, Macht und Medizin. Zur Würdigung des Lebenswerks von Karl-Rainer Fabig, Kassel 2007, S.223
[133] Jaeggi, Peter (Hg.): *Als mein Kind geboren wurde, war ich sehr traurig.* Spätfolgen des Chemiewaffeneinsatzes im Vietnamkrieg, Niederwil 2000, S.38
[134] Hay, Alastair: *Defoliants in Vietnam: the long-term effects*, in: Nature, Vol.302, 17. März 1983, S.208

Agent White eingesetzt, zur Erntevernichtung verwendete man das arsenhaltige Agent Blue.[135]

Es war lange Zeit schwierig genaue Angaben über die ökologischen Schäden in Südvietnam zu machen, da auch nach dem Abzug der Amerikaner aus Vietnam 1973 die Kämpfe in der Region weiter gingen. Insgesamt wurden fast neun Prozent der Gesamtfläche Südvietnams mit Herbiziden besprüht, am stärksten betroffen von dem Einsatz der Entlaubungsmittle waren die Mangrovenwälder des Landes, die besonders schnell durch die Chemikalien zerstört werden konnten. Eine einzige Sprühaktion reichte aus, um die Mangroven komplett zu zerstören.[136] Wissenschaftlichen Erkenntnissen aus dem Jahr 1974 zur Folge dauert es über 100 Jahre, bis sich der Bestand wieder erholen kann, was verdeutlicht wie weitreichend die Folgen des Chemieeinsatzes sind.[137] Da sich die Herbizideinsätze nicht nur gegen die Wälder richteten, sondern auch gegen die Felder der Bauern, wurde auch die Landwirtschaft in den besprühten Regionen geschädigt.

Davon betroffen waren vor allem der Reisanbau und die Fischzucht. Die Herbizid Einwirkungen auf landwirtschaftlich genutzte Flächen hatten für die ländliche Bevölkerung die Folge, dass die geschädigten Felder nicht mehr dazu genutzt werden konnten, dem Nahrungsbedarf der dort lebenden Menschen nachzukommen. Durch den Einsatz der Chemikalien verloren die Böden ihre Fruchtbarkeit, wodurch sie für landschaftliche Zwecke unbrauchbar wurden.[138]

Der Bevölkerung war es nicht mehr möglich, sich von ihrem Land zu ernähren, was zu einer Verarmung der Bauern führte und immer mehr

---

[135] Westing, Arthur H.: *Herbicides in War: past and present.* In: Westing, Arthur H. (Hg.): Herbicides in War. The Long-term Ecological and Human Consequences, London 1984, S.5

[136] Norman, Colin: *Academy reports on Vietnam herbicide damage*, in: Nature Vol.248, 15.März 1974, S.186

[137] Norman, Colin: *Academy reports on Vietnam herbicide damage*, in: Nature Vol.248, 15.März 1974, S.186

[138] Quy, Vo: *Ökozid in Vietnam – Erforschung und Wiederherstellung der Umwelt.* In: Fabig, Anita; Otte, Kathrin (Hg.): Umwelt, Macht und Medizin. Zur Würdigung des Lebenswerks von Karl-Rainer Fabig, Kassel 2007, S.224

Menschen in die Städte trieb.[139] Die mit Dioxin kontaminierten Felder wurden später oftmals wieder in Farmland umgewandelt, was sich wiederrum negativ auf die Gesundheit der dort ansässigen Bevölkerung auswirkte, da das Dioxin auf diesem Weg in die Nahrungskette gelanget und die Gesundheit der Menschen weiterhin schädigen konnte.

Neben dem Einsatz von Herbiziden und Bomben, wurden die Wälder Südvietnams auch durch Feuer geschädigt. Im September 1965 hatte das amerikanische Militär die Geheimoperation "Project Pink Rose" beschlossen, mit dem Primärziel der Zerstörung großer Waldflächen durch Feuereinsatz, was in der praktischen Umsetzung auch geschah.[140] Die Dioxinkonzentration nahm dadurch weiter zu, da die Verbrennung große Mengen von Dioxin freisetzte. Auf dem Luftweg konnte sich das Dioxin so weiter verbreiten und auch nicht direkt besprühte Gebiete schädigen. Bis zum Ende des Krieges wurden durch Herbizide und Feuer große Teile des tropischen Regenwaldes Vietnams zerstört. Vietnamesische Wissenschaftler bemühten sich nach Kriegsende im Jahr 1975, die zerstörten Wälder wieder aufzuforsten. Dies geschah zunächst durch das Pflanzen von einheimischen Baumarten, was daran scheiterte, dass Buschfeuer diese immer wieder zerstörten.[141] Um dies zu verhindern, wurden zunächst schnell wachsende Arten gepflanzt, dabei wählte man Akazien, die dann für die anderen Pflanzen ein schützendes Dach bilden sollten. Dadurch erhofften sich die Wissenschaftler, den tropischen Regenwald wieder herstellen zu können.[142] Neben den Programmen zur Wiederaufforstung der Regenwälder gab es auch Programme zur Aufforstung der zerstörten Mangrovenwälder,

---

[139] Quy, Vo: *Ökozid in Vietnam – Erforschung und Wiederherstellung der Umwelt.* In: Fabig, Anita; Otte, Kathrin (Hg.): Umwelt, Macht und Medizin. Zur Würdigung des Lebenswerks von Karl-Rainer Fabig, Kassel 2007, S.224

[140] Griffith, Philip Jones: *Agent Orange. "Collateral Damage in Viet Nam",* London 2003, S.166

[141] Quy, Vo: *Ökozid in Vietnam – Erforschung und Wiederherstellung der Umwelt.* In: Fabig, Anita; Otte, Kathrin (Hg.): Umwelt, Macht und Medizin. Zur Würdigung des Lebenswerks von Karl-Rainer Fabig, Kassel 2007, S.225

[142] Quy, Vo: *Ökozid in Vietnam – Erforschung und Wiederherstellung der Umwelt.* In: Fabig, Anita; Otte, Kathrin (Hg.): Umwelt, Macht und Medizin. Zur Würdigung des Lebenswerks von Karl-Rainer Fabig, Kassel 2007, S.225

wodurch etwa 70 000 Hektar neu entstanden.[143] Dies hatte nicht nur positive ökologische Folgen, sondern auch ökonomische, da das Holz der Mangroven den Menschen als Brenn- und Bauholz diente. Die Wiederaufforstung führte innerhalb kurzer Zeit zu positiven ökologischen Auswirkungen. In Folge der Wiederentstehung der Mangrovenwälder nahm auch die Artenvielfalt in diesen Gebieten wieder zu. Der Fischbestand, der den Menschen seit jeher als natürliche Nahrungsquelle diente, erholte sich wieder und auch die Vogelkolonien nahmen in den Mangrovenwäldern wieder zu.[144] Die raschen Wiederaufforstungsbemühungen direkt nach Kriegsende zeigen, dass sich die Menschen in Vietnam der Bedeutung ihrer Waldgebiete für ihr Ökosystem bewusst waren. Im Rahmen des Naturschutzes wurden bis zum Jahr 2007 in Vietnam 126 Schutzgebiete und 27 Nationalparks im ganzen Land eingerichtet.[145] Das größte Problem bei den Wiederaufforstungsbemühungen stellt allerdings der finanzielle Aspekt dar, da die Wiederherstellung des natürlichen Ökosystems mit enormen Kosten verbunden ist.[146] Aus diesem Grund ist Vietnam auf Hilfe aus dem Ausland angewiesen, um die ökologischen Folgen des Vietnamkriegs aus den 1960er Jahren bewältigen zu können.

---

[143] Quy, Vo: *Ökozid in Vietnam – Erforschung und Wiederherstellung der Umwelt*. In: Fabig, Anita; Otte, Kathrin (Hg.): Umwelt, Macht und Medizin. Zur Würdigung des Lebenswerks von Karl-Rainer Fabig, Kassel 2007, S.225

[144] Quy, Vo: *Ökozid in Vietnam – Erforschung und Wiederherstellung der Umwelt*. In: Fabig, Anita; Otte, Kathrin (Hg.): Umwelt, Macht und Medizin. Zur Würdigung des Lebenswerks von Karl-Rainer Fabig, Kassel 2007, S.225

[145] Quy, Vo: *Ökozid in Vietnam – Erforschung und Wiederherstellung der Umwelt.*. In: Fabig, Anita; Otte, Kathrin (Hg.): Umwelt, Macht und Medizin. Zur Würdigung des Lebenswerks von Karl-Rainer Fabig, Kassel 2007, S.227

[146] Quy, Vo: *Ökozid in Vietnam – Erforschung und Wiederherstellung der Umwelt*. In: Fabig, Anita; Otte, Kathrin (Hg.): Umwelt, Macht und Medizin. Zur Würdigung des Lebenswerks von Karl-Rainer Fabig, Kassel 2007, S.224f

5.2 Die Folgen des Herbizideinsatzes für die vietnamesische Bevölkerung

Die Hauptleidenden der amerikanischen Herbizideinsätze sind die Menschen in Vietnam, die den Herbiziden direkt ausgesetzt waren oder bis heute in einer kontaminierten Gegend leben. In Vietnam gibt es etwa eine Millionen Menschen, von denen 150 000 Kinder sind, die unter den Folgen der Herbizideinsätze während des Vietnamkriegs in den 1960er Jahren leiden.[147] Die amerikanische Regierung bestreitet allerdings, dass es einen Zusammenhang zwischen dem Einsatz der Entlaubungsmittel und den Gesundheitsschäden der Menschen gibt.[148] Es ist äußerst schwierig und teuer Dioxin im menschlichen Organismus nachzuweisen. Ein einziger Test, um Dioxin im menschlichen Organismus nachzuweisen, kostet 1400 US-Dollar.[149] Dies stellt vor allem für vietnamesische Wissenschaftler ein großes Problem dar, da ihnen nur begrenzte finanzielle Mittel zur Verfügung stehen.[150] Daher ist es den meisten vietnamesischen Opfern nicht möglich zu beweisen, dass ihre Gesundheitsschäden durch die Herbizide ausgelöst wurden. Dies wiederum ist für den Erhalt von Entschädigungszahlungen wichtig. Die Opfer der Herbizideinsätze können in zwei Gruppen unterteilt werden. Zum einen sind die Menschen aus dem Norden Vietnams betroffen, der zwar nie direkt besprüht wurde, aber deren Bevölkerungsteile während des Vietnamkrieges im Süden gekämpft hatte. Zum anderen sind die Menschen aus dem Süden des Landes betroffen, der direkt mit den Herbiziden besprüht wurden.[151] Etwa 17 Millionen Menschen waren in Südvietnam Agent Orange und anderen Herbiziden ausgesetzt.

---

[147] Griffith, Philip Jones: *Agent Orange. "Collateral Damage in Viet Nam"*, London 2003, S.54

[148] Jaeggi, Peter (Hg.): *Als mein Kind geboren wurde, war ich sehr traurig.* Spätfolgen des Chemiewaffeneinsatzes im Vietnamkrieg, Niederwil 2000, S.28

[149] Butler, Declan: *US abandons health study on Agent Orange*, in: Nature Vol.437, 7. April 2005, S.687

[150] Jaeggi, Peter (Hg.): *Als mein Kind geboren wurde, war ich sehr traurig.* Spätfolgen des Chemiewaffeneinsatzes im Vietnamkrieg, Niederwil 2000, S.34

[151] Griffith, Philip Jones: *Agent Orange. "Collateral Damage in Viet Nam"*, London 2003, S.17

Hinzu kommen circa eine Millionen Menschen aus Nordvietnam, die sich zu dieser Zeit im Süden des Landes befanden.[152] Es ist äußerst schwierig genaue Angaben zu den Betroffenen zu machen. Seit Juni 1967 wurden aber Bevölkerungsdaten über die besprühten Gebiete von amerikanischer und südvietnamesischer Seite erhoben.[153] Diese geben an, dass mindestens 2,1 Millionen, wahrscheinlich aber 4,8 Millionen Menschen in den besprühten Gegenden während des Einsatzes anwesend waren. Die Spanne dieser Zahlen zeigt, wie schwierig es war, genaue Angaben über die betroffene Bevölkerung zu machen. Die meisten der vietnamesischen Opfer wurden nach Kriegsende sich selbst überlassen und erhielten keine oder nur eine geringe finanzielle Entschädigung. Zur Unterstützung der von den Folgen der Herbizideinsätzen betroffenen Bevölkerungsteilen, wurden von vietnamesischer Seite Fonds eingerichtet.[154] Im Jahr 1998 wurde der "Agent Orange Fund" als eine Nichtregierungsorganisation gegründet, die dem vietnamesischen Roten Kreuz unterstellt ist.[155] Zu ihren Aufgaben gehört es, Daten über die Opfer von Agent Orange zu sammeln und nach internationaler Hilfe für sie zu suchen.

So konnte vielen Menschen eine medizinische Versorgung zu Teil werden und ihre Lebensbedingungen verbessert werden, was ansonsten nicht möglich gewesen wäre. Wie viele Menschen in Vietnam von den Herbizideinsätzen betroffen sind und unter deren Spätfolgen leiden, ist nicht bekannt. Es wurden 2,1 Millionen Menschen datenmäßig erfasst, die sich während der Sprüheinsätze in den betroffenen Gebieten befanden.[156]

---

[152] Tuyet, Le Thi Nham; Johansson, Annika: *Impact of Chemical Warfare with Agent Orange on Women's Reproduktive Lives in Vietnam: A Pilot Study.* In: Reproductive Health Matters, Vol.9, No.18, 2001, S.156

[153] Stellmann, Jeanne Mager [et al.]: *The extent and Patterns of usage of Agent Orange and other herbicides in Vietnam*, in: Nature, Vol. 422, 17. April 2003, S.684

[154] Griffith, Philip Jones: *Agent Orange. "Collateral Damage in Viet Nam"*, London 2003, S.54

[155] Tuyet, Le Thi Nham; Johansson, Annika: *Impact of Chemical Warfare with Agent Orange on Women's Reproduktive Lives in Vietnam: A Pilot Study.* In: Reproductive Health Matters, Vol.9, No.18, 2001, S.157

[156] Fabig, Karl-Rainer: *Betr. Dioxin – eine neue Rechnung.* In: Fabig, Anita; Otte, Kathrin (Hg.): Umwelt, Macht und Medizin. Zur Würdigung des Lebenswerks von Karl-Rainer Fabig, Kassel 2007, S.22

Die tatsächlichen Zahlen der Betroffenen sind wahrscheinlich deutlich höher. Die Dioxinkonzentration ist in den Gebieten am höchsten, die sich in der Nähe einer Militärbasis befanden. Noch heute wird in dem Dorf Cam Nghia eines von zehn Kindern mit Missbildungen geboren.[157] Das Dorf und seine angrenzenden Gebieten wurden zwischen 1965 und 1967 mehrfach mit Herbiziden besprüht. Hinzu kommt, dass zwei Kilometer entfernt die amerikanische Militärbasis Camp Carroll lag.[158] Die jüngsten Studien haben gezeigt, dass die Dioxinwerte im menschlichen Blut in der Nähe von ehemaligen US-Basen am höchsten sind.[159] In der Gegend um die Stadt Bien Hoa unterhielt das amerikanische Militär mehrere große Militärstützpunkte im Vietnamkrieg. Dadurch waren die Menschen, die in dieser Gegend lebten einer hohen Dioxinkonzentration ausgesetzt. Forscher, die das Blut, der dort lebenden Bevölkerung untersuchten, stellten fest, dass die Konzentration von Dioxin in ihrem Blut bei 200 ppt[160] liegt.[161] Im Vergleich dazu liegt der Dioxingehalt im Blut eines Europäers im Durchschnitt bei 20 ppt.[162]

Bis heute befindet sich das Dioxin in den Wassersystemen und Böden des Landes. In Europa liegt der Grenzwert bei Dioxin im Boden bei 1000 ppt, ab diesem Wert muss die Gegend abgesperrt werden und umfangreiche Gesundheitsanalysen an der Bevölkerung durchgeführt werden.[163]

---

[157] Griffith, Philip Jones: *Agent Orange. "Collateral Damage in Viet Nam"*, London 2003, S.108

[158] Griffith, Philip Jones: *Agent Orange. "Collateral Damage in Viet Nam"*, London 2003, S.108

[159] Tuyet, Le Thi Nham; Johansson, Annika: *Impact of Chemical Warfare with Agent Orange on Women's Reproduktive Lives in Vietnam: A Pilot Study.* In: Reproductive Health Matters, Vol.9, No.18, 2001, S.157

[160] Parts per trillion

[161] Gallo, Werner: Die unmittelbare Wirkungen des Giftkrieges in Vietnam auf Menschen (und Umwelt) und ihre Fortwirkung als Altlast. In: Fabig, Anita; Otte, Kathrin (Hg.): Umwelt, Macht und Medizin. Zur Würdigung des Lebenswerks von Karl-Rainer Fabig, Kassel 2007. S.240

[162] Gallo, Werner: Die unmittelbare Wirkungen des Giftkrieges in Vietnam auf Menschen (und Umwelt) und ihre Fortwirkung als Altlast. In: Fabig, Anita; Otte, Kathrin (Hg.): Umwelt, Macht und Medizin. Zur Würdigung des Lebenswerks von Karl-Rainer Fabig, Kassel 2007. S.240

[163] Gallo, Werner: Die unmittelbare Wirkungen des Giftkrieges in Vietnam auf Menschen (und Umwelt) und ihre Fortwirkung als Altlast. In: Fabig, Anita; Otte, Kathrin (Hg.): Umwelt, Macht und Medizin. Zur Würdigung des Lebenswerks von Karl-Rainer Fabig, Kassel 2007. S.240

Anschließend wird die Gegend mit aufwendigen Verfahren Dekontaminiert. In Vietnam hingegen wurde in einigen Regionen Dioxinkonzentrationen von weit über einer Millionen ppt im Boden festgestellt.[164] Im Gegensatz zu Europa leben die Menschen in Vietnam allerdings weiter in der verseuchten Umgebung.

Das Dioxin, das während des Vietnamkriegs über dem Land versprüht worden war, befindet sich somit bis heute in allen Teilen der Nahrungskette. Von da aus gelangt es in den menschlichen Organismus und wird über die Muttermilch von der Mutter ans Kind weitergegeben. Proben, die zu Beginn der 1970er Jahren in Südvietnam von Fisch, Shrimps und der Muttermilch südvietnamesischer Frauen genommen wurden, wiesen sehr hohe Dioxinwerte auf.[165] Da die vietnamesische Regierung wirtschaftliche Folgen für das Land in Form eines Rückgangs des Exports von Fisch und Shrimps befürchtete, wurden lange Zeit Studien über die Auswirkungen von Agent Orange und Dioxin verhindert.[166] Erschwerend kommt in Vietnam hinzu, dass von amerikanischer Seite bis 1989 ein Wirtschaftsembargo gegen das Land bestand, weshalb es Vietnam nicht möglich war, dringend benötigte Darlehn bei der Weltbank aufzunehmen.[167] Dies führte zu einer weiteren wirtschaftlichen Schwächung des vom Krieg gezeichneten Landes. Vietnam war nach dem Kriegsende von Armut gezeichnet, weshalb wissenschaftliche Untersuchungen zu den Folgen der Herbizideinsätze im Krieg nicht zu den Themen gehörten, die die vietnamesische Regierung für relevant hielt. Hinzu kommt, dass vietnamesische Wissenschaftler auf Grund der kommunistischen Regierung nicht auf Fachliteratur aus dem Westen zurückgreifen konnten, um sich näher

---

[164] Gallo, Werner: Die unmittelbare Wirkungen des Giftkrieges in Vietnam auf Menschen (und Umwelt) und ihre Fortwirkung als Altlast. In: Fabig, Anita; Otte, Kathrin (Hg.): Umwelt, Macht und Medizin. Zur Würdigung des Lebenswerks von Karl-Rainer Fabig, Kassel 2007. S.240

[165] Tuyet, Le Thi Nham; Johansson, Annika: *Impact of Chemical Warfare with Agent Orange on Women's Reproduktive Lives in Vietnam: A Pilot Study.* In: Reproductive Health Matters, Vol.9, No.18, 2001, S.157

[166] Cyranoski, David: *US and Vietnam join forces to count cost of Agent Orange*, in: Nature, Vol.416, 21.März 2002, S.252

[167] Jaeggi, Peter (Hg.): *Als mein Kind geboren wurde, war ich sehr traurig.* Spätfolgen des Chemiewaffeneinsatzes im Vietnamkrieg, Niederwil 2000, S.88

über Dioxin und seine Folgen zu informieren. Dadurch fehlte es ihnen an wichtigen Informationen, die sie für eigene wissenschaftliche Untersuchungen benötigt hätten. Die meisten Studien, die über die Langzeitfolgen von Agent Orange existieren, beziehen sich auf die Auswirkungen der Herbizide auf die amerikanischen Veteranen und nicht auf die Bevölkerung Vietnams.[168] Allerdings sind die Menschen in Vietnam die Hauptleidenden des Einsatzes der Chemikalien, da sie über einen langen Zeitraum einer hohen Konzentration von Dioxin ausgesetzt sind, welches sich teilweise bis heute in der Nahrungskette befindet.

Wie die Zeitschrift *Nature* im Jahr 1974 berichtete, spürte die Bevölkerung nach jedem Einsatz der Herbizide deren direkten Auswirkungen.[169] Nach den Sprühaktionen klagten die Menschen in den besprühten Gebieten unter anderem über Chlorakne, Magenschmerzen und Übelkeit. Des Weiteren beklagten viele Menschen den Tod ihrer Tiere, vor allem die Hühner und Schweine starben nach den Herbizideinsätzen. Aber auch das Sterben von Fischen wurde berichtet. Die vietnamesische Zivilbevölkerung und die amerikanischen Soldaten waren sich in den 1960er Jahren nicht den Gefahren bewusst, der sie durch die Herbizide ausgesetzt waren. Allerdings wussten amerikanische Wissenschaftler von den Auswirkungen der Herbizide.[170] Bereits 1967 äußerte der amerikanische Professor Arthur Galstone der Universität Yale öffentlich seine Bedenken über den Einsatz der Herbizide im Vietnamkrieg.[171] Im selben Jahr unterzeichneten fünftausend Wissenschaftler, unter denen sich siebzehn Nobelpreisträger befanden, eine Petition an die amerikanische Regierung, in der sie forderten den

---

[168] Tuyet, Le Thi Nham; Johansson, Annika: *Impact of Chemical Warfare with Agent Orange on Women's Reproduktive Lives in Vietnam: A Pilot Study.* In: Reproductive Health Matters, Vol.9, No.18, 2001, S.157
[169] Norman, Colin: *Academy reports on Vietnam herbicide damage*, in: Nature Vol.248, 15.März 1974, S., S.186
[170] Griffith, Philip Jones: *Agent Orange. "Collateral Damage in Viet Nam"*, London 2003, S.164
[171] Griffith, Philip Jones: *Agent Orange. "Collateral Damage in Viet Nam"*, London 2003, S.167

Einsatz der Herbizide in Vietnam zu stoppen.[172] Diese Petition blieb allerdings erfolglos. Die US-Regierung äußerte außerdem, dass die Gefährlichkeit von Dioxin mit der von Aspirin vergleichbar sei.[173] Diese Aussage macht deutlich, inwieweit die amerikanische Regierung die Gefahren unterschätzte, die von den Herbiziden ausgingen, die sie während des Krieges in Vietnam einsetzten. Außerdem steht diese Äußerung im Wiederspruch zu wissenschaftlichen Untersuchungen, die die Gefährlichkeit von Dioxin gezeigt hatten. Untersuchungen, die an Vietnamveteranen durchgeführt wurden, haben gezeigt, dass eine Verbindung zwischen verschiedenen Krebsarten, wie zum Beispiel Lymphdrüsen-, Lungen- Prostatakrebs, dem multiplen Myelom, einer Krebserkrankung des Knochenmarks und dem Kontakt mit Dioxin während des Vietnamkriegs besteht.[174] Die Auswirkungen des Dioxins auf die Fähigkeit der Veteranen gesunde Kinder zu zeugen sind schwieriger zu beweisen, allerdings ist bekannt, dass Dioxin zu Missbildungen bei Föten führt.[175] Diese Tatsache lässt Rückschlüsse darauf zu, dass die im Vietnamkrieg eingesetzten Herbizide für die Gesundheitsschäden der Vietnamveteranen und ihrer Kinder verantwortlich sind. Die vietnamesische Bevölkerung leidet unter denselben gesundheitlichen Problemen wie die amerikanischen Vietnamveteranen.

Bei ihnen kommt allerdings erschwerend hinzu, dass sie einer höheren Dioxinkonzentration über einen längeren Zeitraum ausgesetzt waren, als viele der im Vietnamkrieg kämpfenden amerikanischen Soldaten. Bereits seit dem Ende der 1970er Jahre stand im Mittelpunkt des Forschungsinteresses vieler Wissenschaftler die Frage, ob Agent

---

[172] Jaeggi, Peter (Hg.): Als *mein Kind geboren wurde, war ich sehr traurig.* Spätfolgen des Chemiewaffeneinsatzes im Vietnamkrieg, Niederwil 2000, S.20
[173] Jaeggi, Peter (Hg.): *Als mein Kind geboren wurde, war ich sehr traurig.* Spätfolgen des Chemiewaffeneinsatzes im Vietnamkrieg, Niederwil 2000, S.20
[174] Tuyet, Le Thi Nham; Johansson, Annika: *Impact of Chemical Warfare with Agent Orange on Women's Reproduktive Lives in Vietnam: A Pilot Study.* In: Reproductive Health Matters, Vol.9, No.18, 2001, S.157
[175] Gallo, Werner: *Die unmittelbare Wirkungen des Giftkrieges in Vietnam auf Menschen (und Umwelt) und ihre Fortwirkung als Altlast.* In: Fabig, Anita; Otte, Kathrin (Hg.): Umwelt, Macht und Medizin. Zur Würdigung des Lebenswerks von Karl-Rainer Fabig, Kassel 2007. S.239

Orange zu Missbildungen bei Kindern geführt hat, deren Väter während des Vietnamkriegs dem Herbizid ausgesetzt waren.[176]

Im Jahr 2000 wurde eine Pilotstudie an dreißig südvietnamesischen Frauen durchgeführt, die selbst Agent Orange ausgesetzt waren oder deren Ehemänner während des Krieges mit den Chemikalien in Berührung kamen. Das Ziel dieser Untersuchung war zu zeigen, welche Langzeitauswirkungen der Einsatz von Chemiewaffen im Krieg hat.[177] Die Frauen, die an dieser Studie teilnahmen, erlitten überdurchschnittlich viele Fehlgeburten und Frühgeburten, außerdem wurden zwei Drittel ihrer Kinder mit Missbildungen geboren oder erkrankten früh an Krebs.[178] Die Pilotstudie kam zu folgenden Ergebnissen: Die untersuchten Frauen hatten insgesamt 148 Schwangerschaften, von denen neun Prozent mit Fehlgeburten endeten. Vierzehn Prozent der Kinder wurden tot oder zu früh geboren. Lebend zur Welt kamen 108 Kinder, von denen achtzehn bereits im Kindesalter starben. Die betroffenen Eltern beschrieben sechzig der überlebenden neunzig Kinder als behindert. Zwanzig von ihnen waren auf die tägliche Pflege ihrer Eltern angewiesen und nicht zu einem selbstständigen Leben fähig.[179] Da die meisten der betroffenen Familien in Armut leben, erschwert die Behinderung eines Kindes ihre Lebenssituation.Der Mehrzahl der betroffenen Familien fehlen Informationen über die Ursachen für die auftretenden Gesundheitsschäden bei ihren Kindern.

Daher geben sie sich oftmals selber die Schuld dafür, dass ihr Kind mit einer Behinderung geboren wurde.[180] Der vietnamesische Wissenschaftler und Experte auf dem Gebiet der Erforschung der

---

[176] Hay, Alastair: *Vietnam's dioxin problem*, in: Nature Vol.271, 16. Februar 1978, S.598

[177] Tuyet, Le Thi Nham; Johansson, Annika: *Impact of Chemical Warfare with Agent Orange on Women's Reproduktive Lives in Vietnam: A Pilot Study.* In: Reproductive Health Matters, Vol.9, No.18, 2001, S.156

[178] Tuyet, Le Thi Nham; Johansson, Annika: *Impact of Chemical Warfare with Agent Orange on Women's Reproduktive Lives in Vietnam: A Pilot Study.* In: Reproductive Health Matters, Vol.9, No.18, 2001, S.156

[179] Tuyet, Le Thi Nham; Johansson, Annika: *Impact of Chemical Warfare with Agent Orange on Women's Reproduktive Lives in Vietnam: A Pilot Study.* In: Reproductive Health Matters, Vol.9, No.18, 2001, S.159

[180] Tuyet, Le Thi Nham; Johansson, Annika: *Impact of Chemical Warfare with Agent Orange on Women's Reproduktive Lives in Vietnam: A Pilot Study.* In: Reproductive Health Matters, Vol.9, No.18, 2001, S.161

Auswirkungen von Agent Orange, Le Cao Dai, hat in seinen Untersuchungen gezeigt, dass über fünf Prozent der Kinder ehemaliger vietnamesischer Soldaten, die Agent Orange während des Krieges ausgesetzt waren, mit Missbildungen geboren wurden.[181] Diese reichen von Lippen-, über Gaumenspalten zu Anomalien der Extremitäten, bis hin zu Neuralrohrdefekten, die zum frühen Tod des Kindes führen. Des Weiteren ist ein vermehrtes Auftreten von siamesischen Zwillingsgeburten zu verzeichnen.[182] Im ohnehin medizinisch unterversorgten Vietnam gibt es nur wenige Krankenhäuser die Kinder, die mit Behinderungen geboren wurden, versorgen können. Das Tu-Du Krankenhaus in Ho-Chi-Minh-Stadt ist die größte Frauenklinik des Landes und bildet hier eine der wenigen Ausnahmen.[183] Die Folgen von Agent Orange haben nicht nur physiologische Auswirkungen auf die betroffenen Familien, sondern auch psychologische. Erschwerend kommt in Vietnam beim Umgang mit behinderten Menschen eine religiöse Komponente hinzu, da dem buddhistischen Glauben nach die Behinderung eines Kindes als Strafe für die Eltern gilt.[184] Die Diskriminierung und Ausgrenzung behinderter Menschen und ihrer Familien sind oftmals die Folge. Aus diesem Grund verstecken viele Familien ihre behinderten Kinder, was es erschwert genaue Angaben über die tatsächliche Anzahl der Menschen zu machen, die unter den Folgen des Herbizideinsatzes in den 1960er Jahren leiden.

Somit bedarf es vor allem Aufklärungsarbeit auf diesem Gebiet, um den betroffenen Bevölkerungsteilen ein menschenwürdiges Leben zu ermöglichen.

---

[181] Tuyet, Le Thi Nham; Johansson, Annika: *Impact of Chemical Warfare with Agent Orange on Women's Reproduktive Lives in Vietnam: A Pilot Study.* In: Reproductive Health Matters, Vol.9, No.18, 2001, S.157

[182] Tuyet, Le Thi Nham; Johansson, Annika: *Impact of Chemical Warfare with Agent Orange on Women's Reproduktive Lives in Vietnam: A Pilot Study.* In: Reproductive Health Matters, Vol.9, No.18, 2001, S.157

[183] Jaeggi, Peter (Hg.): *Als mein Kind geboren wurde, war ich sehr traurig.* Spätfolgen des Chemiewaffeneinsatzes im Vietnamkrieg, Niederwil 2000, S.16

[184] Jaeggi, Peter (Hg.): *Als mein Kind geboren wurde, war ich sehr traurig.* Spätfolgen des Chemiewaffeneinsatzes im Vietnamkrieg, Niederwil 2000, S.40

5.2.1 Der Versuch einer bilateralen Studie zu den Folgen von Agent Orange

Vietnam fehlte es vor allem an finanziellen Mitteln, um die Auswirkungen von Agent Orange auf die Menschen und die Umwelt ihres Landes untersuchen zu können. Vietnamesische Wissenschaftler waren daher auf Unterstützung aus dem Ausland angewiesen. Vor allem der vietnamesische Wissenschaftler Le Cao Dai setzte sich für eine Zusammenarbeit vietnamesischer und amerikanischer Wissenschaftler ein. Bereits im Jahr 1995 hatte es Verhandlungen über ein gemeinsames Forschungsprojet gegeben, dies war aber an Unstimmigkeiten in der Art und Weise der Durchführung der Studie gescheitert.[185] Wie die Zeitschrift *Nature* berichtete, wurde im August des Jahres 2000 beschlossen, dass die USA und Vietnam erneut ein gemeinsames Forschungsprojekt zur Erforschung der Folgen von Agent Orange planen.[186] Durch dieses bilaterale Forschungsprojet erhoffte sich die vietnamesische Regierung vor allem Unterstützung bei der Bewältigung der ökologischen Folgen des Vietnamkriegs. Für amerikanische Wissenschaftler stellte die Studie eine große Herausforderung dar, da das Ausmaß der Kontamination mit Dioxin in Vietnam einmalig ist. Am 10.März 2002 wurde offiziell von amerikanischer und vietnamesischer Seite ein gemeinsames Forschungsprojekt ins Leben gerufen. Vorausgegangen war dieser Entscheidung eine Konferenz über Dioxin in Hanoi, bei der Wissenschaftler aus dreizehn Ländern zusammenkamen.[187] Allerdings war die Frage der Finanzierung zu diesem Zeitpunkt nicht geklärt. Bereits kurz nach der Verabschiedung der Studie zeigte sich die vietnamesische Regierung beunruhigt, da ein Einbruch des Exports von Fisch und Meeresfrüchten befürchtet wurde, wie die Zeitschrift

---

[185] Dalton, Rex: *US and Vietnam plan joint dioxin research,* in: Nature Vol.406, 24. August 2000, S. 818
[186] Dalton, Rex: *US and Vietnam plan joint dioxin research,* in: Nature Vol.406, 24. August 2000, S. 818
[187] Cyranoski, David: *US and Vietnam join forces to count cost of Agent Orange,* in: Nature Vol. 416, 21. März 2002, S.252

Nature berichtete.[188] Somit stand die vietnamesische Regierung dieser bilateralen Studie von Beginn an skeptisch gegenüber und setzte wirtschaftliche Interessen über eine Untersuchung der Folgen des Einsatzes von Agent Orange. Die Haltung Vietnams bezüglich der Studie ist wahrscheinlich auch der Grund, warum auch ein Jahr nach der Vereinbarung über die Studie noch nicht mit den Untersuchungen in Vietnam begonnen werden konnte.[189] Schließlich kam es zum Ende der bilateralen Studie im Jahr 2005, bevor diese überhaupt richtig begonnen hatte.[190] Als Grund für die Aufgabe des Forschungsprojekts wurde angegeben, dass es unüberbrückbare kulturelle Differenzen der beiden Länder gebe, die zu mangelnder Kommunikation und dem Verlust des Vertrauens zwischen den USA und Vietnam geführt haben.[191] Vor allem das vietnamesische Gesundheitsministerium verhinderte die Durchführung der Studie, da es den für die Studie erforderlichen Untersuchungen in Vietnam nicht zustimmte.[192] Dabei ging es hauptsächlich um die Analyse des Dioxingehalts von vietnamesischen Müttern, deren Kinder mit Missbildungen geboren wurden.[193] Da sich die Kosten für diesen Test auf 1400 US-Dollar belaufen, ist es für den Großteil der vietnamesischen Bevölkerung nicht möglich zu beweisen, dass ein Zusammenhang zwischen der Behinderung ihrer Kinder und Agent Orange besteht.[194]

Daher sind die betroffenen Bevölkerungsteile Vietnams auf Unterstützung aus dem Ausland angewiesen.

---

[188] Cyranoski, David: *US and Vietnam join forces to count cost of Agent Orange*, in: Nature Vol. 416, 21. März 2002, S.252
[189] Butler, Declan: *Agent Orange health investigation stuck at square one*, in: Nature Vol.422, 24. April 2003, S.793
[190] Butler, Declan: *US abandons health study on Agent Orange*, in: Nature Vol.437, 7. April 2005, S.687
[191] Butler, Declan: *US abandons health study on Agent Orange*, in: Nature Vol.437, 7. April 2005, S.687
[192] Butler, Declan: *US abandons health study on Agent Orange*, in: Nature Vol.437, 7. April 2005, S.687
[193] Butler, Declan: *US abandons health study on Agent Orange*, in: Nature Vol.437, 7. April 2005, S.687
[194] Butler, Declan: *US abandons health study on Agent Orange*, in: Nature Vol.437, 7. April 2005, S.687

5.2.2 Die Gerichtsverhandlung für Entschädigungszahlungen an die vietnamesischen Agent Orange Opfer

Sowohl amerikanische Vietnamveteranen als auch Teile der vietnamesischen Bevölkerung kämpften nach Kriegsende um eine Entschädigung für die Gesundheitsschäden, die sie durch den Krieg und den Einsatz der Herbizide erlitten haben. Den amerikanischen Vietnamveteranen wurde eine finanzielle Entschädigung in Höhe von insgesamt 180 Millionen US-Dollar für die gesundheitlichen Schäden, die sie und ihre Familien durch die Herbizide erlitten, zugesprochen.[195] Im Gegensatz zu den amerikanischen Soldaten erhält die vietnamesische Bevölkerung keine Entschädigung für die durch Agent Orange verursachten Gesundheitsschäden.[196] Um einen Anspruch auf Entschädigungsleistungen zu haben, müssten die Betroffenen beweisen, dass ihre gesundheitlichen Probleme durch Agent Orange verursacht wurden. Dies ist, wie bereits erwähnt äußerst schwierig und kostenaufwendig. In ihrem Kampf um Entschädigung wurden die vietnamesischen Opfer auch von amerikanischen Anwälten unterstützt.

Diese reichten am 30. Januar 2003 im Namen der vietnamesischen Opfer Zivilklage bei einem Gericht in New York ein.[197] Dabei ging es den Klägern hautsächlich um die Ächtung des Kriegs mit Chemiewaffen, deren Folgen über mehrere Generationen zu spüren sind. Sie betonen in diesem Zusammenhang, dass die amerikanische Regierung eine langfristige Schädigung von Mensch und Natur billigend in Kauf nahm.[198]

---

[195] Griffith, Philip Jones: *Agent Orange. "Collateral Damage in Viet Nam"*, London 2003, S.17
[196] Jaeggi, Peter (Hg.): *Als mein Kind geboren wurde, war ich sehr traurig.* Spätfolgen des Chemiewaffeneinsatzes im Vietnamkrieg, Niederwil 2000, S.26
[197] Fabig, Karl-Rainer: *Agent Orange vor Gericht.* In: Fabig, Anita; Otte, Kathrin (Hg.): Umwelt, Macht und Medizin. Zur Würdigung des Lebenswerks von Karl-Rainer Fabig, Kassel 2007, S.46
[198] Fabig, Karl-Rainer: *Agent Orange vor Gericht.* In: Fabig, Anita; Otte, Kathrin (Hg.): Umwelt, Macht und Medizin. Zur Würdigung des Lebenswerks von Karl-Rainer Fabig, Kassel 2007, S.47

Angeklagt waren die Chemiekonzerne, die die Herbizide für den Einsatz im Vietnamkrieg hergestellt hatten.

Bei den beiden Hauptangeklagten handelte es sich um die Chemiekonzerne Dow Chemicals und Monsanto, die den Großteil der in Vietnam eingesetzten Herbizide produziert hatten.[199] Die Unternehmen argumentierten vor Gericht, dass sie nicht verantwortlich für die Folgen der Herbizide sind, da sie die Herbizide auf Anweisung des Pentagon produziert hatten und somit die US-Regierung für die Folgen des Einsatzes verantwortlich sei.[200] Dow Chemicals und Monsanto wiesen jede Verantwortung für die Folgen der Herbizide von sich, allerdings waren sich die Wissenschaftler, die für die Unternehmen arbeiteten bewusst, dass Dioxin zu Gesundheitsschäden beim Menschen führte.[201]

Das Urteil, das der Richter Jack B. Weinstein zu fällen hatte, war von großer politischer Brisanz. Dessen war sich der Richter bewusst und sicherte sich bei der US-Regierung ab, indem er dort um eine Stellungnahme bat, wozu er rechtlich nicht verpflichtet war.[202] Daraufhin übergab das Justizministerium dem Gericht ein 62 Seiten langes "Statement of Interest of the United States", in dem das Gericht dazu aufgefordert wurde die Klage abzuweisen.[203]

Dies wurde im Wesentlichen mit den beiden folgenden Aussagen begründet: zum Einen sahen die USA in dem Einsatz von Herbiziden keinen Verstoß gegen internationales Recht.

Zum Anderen waren die USA überzeugt, dass keine Vorschrift des internationalen Rechts im Widerspruch zur Erntezerstörung im

---

[199] Fabig, Karl-Rainer: *Agent Orange vor Gericht*. In: Fabig, Anita; Otte, Kathrin (Hg.): Umwelt, Macht und Medizin. Zur Würdigung des Lebenswerks von Karl-Rainer Fabig, Kassel 2007, S.50

[200] Glaberson, William: *Agent Orange, the Next Generation,* in: The New York Times, 8. August 2004, S. N26

[201] Griffith, Philip Jones: *Agent Orange. "Collateral Damage in Viet Nam",* London 2003, S.164

[202] Fabig, Karl-Rainer: *Agent Orange vor Gericht.* In: Fabig, Anita; Otte, Kathrin (Hg.): Umwelt, Macht und Medizin. Zur Würdigung des Lebenswerks von Karl-Rainer Fabig, Kassel 2007, S.50

[203] Fabig, Karl-Rainer: *Agent Orange vor Gericht.* In: Fabig, Anita; Otte, Kathrin (Hg.): Umwelt, Macht und Medizin. Zur Würdigung des Lebenswerks von Karl-Rainer Fabig, Kassel 2007, S.50

Vietnamkrieg stand.[204] Der Richter verkündete am 10. März 2005 das Urteil in dem Fall, der für großes mediales Aufsehen gesorgt hatte.

Er wies die Zivilklage der vietnamesischen mit folgender Begründung ab:

"There is no basis for any of the claims of plaintiffs under the domestic law of any nation or state or under any form of international law. The case is dismissed. No costs or disbursements to any party."[205]

Die Abweisung der Klage vor dem New Yorker Gericht war ein herber Niederschlag für die vietnamesischen Opfer in ihrem Kampf dafür, dass ihre Gesundheitsschäden als Folgen der Herbizideinsätze anerkannt werden.

---

[204] Fabig, Karl-Rainer: *Agent Orange vor Gericht.* In: Fabig, Anita; Otte, Kathrin (Hg.): Umwelt, Macht und Medizin. Zur Würdigung des Lebenswerks von Karl-Rainer Fabig, Kassel 2007, S.51f

[205] http://www.ffrd.org/AO/10_03_05_agentorange.pdf   vom 29.04.2009

6. Das Dorf der Freundschaft – Hilfe für die Opfer von Agent Orange

Es gibt viele Organisationen, die sich um Hilfe für die Opfer des Vietnamkriegs bemühen, das Dorf der Freundschaft stellt hier ein wichtiges Beispiel dafür dar. Gegründet wurde das Dorf von dem amerikanischen Vietnamveteranen George Mizo. Dieser begann bereits 1967 den Krieg in Frage zu stellen, zu einer Zeit, in der er sich selbst seit zwei Jahren in Vietnam befand.[206] Zu einem Umdenken kam es bei ihm, nachdem er und seine Einheit angegriffen worden waren und Mizo der einzige Überlebende war. In Folge des Erlebten wurde Mizo vom Soldaten, der mehrfach für seine Tapferkeit ausgezeichnet wurde, zum Friedensaktivist.[207] Nach seiner Rückkehr aus Vietnam setzte er sich für die Opfer des Vietnamkriegs und den Frieden in dem Land ein. George Mizo, der ehemalige Artillerieoffizier der US-Armee traf sich schließlich im April 1992 mit Vertretern der Organisation der vietnamesischen Kriegsveteranen in Hanoi, um mit ihnen sein Vorhaben zu besprechen, ein Dorf der Freundschaft aufzubauen.[208] Dieses sollte vor allem Waisenkindern und älteren behinderten Menschen eine Unterkunft bieten, wobei man davon ausging dass sich die Baukosten für das Dorf, das etwa 250 Kindern und 100 Erwachsenen ein zu Hause geben sollte, auf 2,5 Millionen US-Dollar belaufen.[209] Das Projekt stieß auf großes Interesse bei Vietnamkriegsveteranen auf der ganzen Welt. An der Organisation und Durchführung des Vorhabens beteiligten sich die

---

[206] Kühner, Stefan: *Die Versprühung dioxinhaltiger Herbizide durch die US-Streitkräfte in Vietnam und das politische Engagement gegen den Vietnamkrieg.* In: Fabig, Anita; Otte, Kathrin (Hg.): Umwelt, Macht und Medizin. Zur Würdigung des Lebenswerks von Karl-Rainer Fabig, Kassel 2007. S.214

[207] http://www.dorfderfreundschaft.de/index.php/dorfderfreundschaft/page2 vom 24.05.1009

[208] Kühner, Stefan: *Die Versprühung dioxinhaltiger Herbizide durch die US-Streitkräfte in Vietnam und das politische Engagement gegen den Vietnamkrieg.* In: Fabig, Anita; Otte, Kathrin (Hg.): Umwelt, Macht und Medizin. Zur Würdigung des Lebenswerks von Karl-Rainer Fabig, Kassel 2007. S.215

[209] Kühner, Stefan: *Die Versprühung dioxinhaltiger Herbizide durch die US-Streitkräfte in Vietnam und das politische Engagement gegen den Vietnamkrieg.* In: Fabig, Anita; Otte, Kathrin (Hg.): Umwelt, Macht und Medizin. Zur Würdigung des Lebenswerks von Karl-Rainer Fabig, Kassel 2007. S.215

USA, Kanada, Japan, Frankreich, Großbritannien und Deutschland. Auf vietnamesischer Seite beteiligte sich die vietnamesische Veteranenvereinigung.[210] Die Beteiligten des Projektes hatten es sich zum Ziel gesetzt, die Wunden des Krieges geheilt zu heilen, was auch im Gründungsdokument des Dorfes der Freundschaft festgehalten wurde.[211] Im Sommer des Jahres 1993 begann schließlich mit der Bau des ersten Hauses auf einem ehemaligen Reisfeld in der Nähe von Hanoi, das im Oktober 1994 fertiggestellt wurde.[212] Im Jahr 1998 konnten die ersten Menschen in das Dorf ziehen, in dem seit dem Jahr 2004 etwa 120 Kinder und 30 ältere Menschen leben, die vor allem unter den Langzeitfolgen des Einsatzes von Herbiziden während des Vietnamkriegs leiden.[213] George Mizo, der selbst unter den Folgen des Vietnamkriegs litt, leitete das Dorf, bis zu seinem Tod im Jahr 2002 selbst. Seitdem wird es von seiner Frau Rosemarie Höhn-Mizo und dem gemeinnützigen Verein „Dorf der Freundschaft in Vietnam e.V." weitergeführt.[214]

Das Dorf verschafft den Kindern neue Perspektiven für die Zukunft, da jedem Kind, das dort lebt, eine Schulbildung ermöglicht wird. Außerdem erhalten die Menschen, die in dem Dorf leben eine medizinische Versorgung, die ihnen ansonsten nicht zuteil gekommen wäre. Den Kindern, die durch den Einsatz der Herbizide während des Vietnamkriegs unter massiven Behinderungen leiden, wird durch das Dorf der Freundschaft ein besseres Leben möglich. Diese Kinder, die zuvor auf Grund ihrer Behinderung am Rande der Gesellschaft gelebt haben, wird so ein menschenwürdiges Leben ermöglicht.

---

[210]http://www.dorfderfreundschaft.de/index.php/dorfderfreundschaft/page6?besuch=924d79 487fc01a2d37cdad1d4570e460   vom 24.05.2009

[211] Kühner, Stefan: *Die Versprühung dioxinhaltiger Herbizide durch die US-Streitkräfte in Vietnam und das politische Engagement gegen den Vietnamkrieg.* In: Fabig, Anita; Otte, Kathrin (Hg.): Umwelt, Macht und Medizin. Zur Würdigung des Lebenswerks von Karl-Rainer Fabig, Kassel 2007. S.215

[212] http://www.dorfderfreundschaft.de/ index.php/dorfderfreundschaft/page4   vom 13.05.2009

[213] http://www.dorfderfreundschaft.de/index.php/dorfderfreundschaft/page4   vom 13.05.2009

[214] Kühner, Stefan: *Die Versprühung dioxinhaltiger Herbizide durch die US-Streitkräfte in Vietnam und das politische Engagement gegen den Vietnamkrieg.* In: Fabig, Anita; Otte, Kathrin (Hg.): Umwelt, Macht und Medizin. Zur Würdigung des Lebenswerks von Karl-Rainer Fabig, Kassel 2007. S.215

Das Dorf der Freundschaft stellt daher einen wichtigen Teil in der Bewältigung der Folgen des Vietnamkriegs dar. Es gibt bis heute vielen Kindern und älteren Menschen ein neues zu Hause, die ansonsten nicht wüssten, wo sie hin sollten.

7. Der Einsatz von Agent Orange in Laos und Kambodscha

Die Sprüheinsätze des amerikanischen Militärs mit Herbiziden bezogen sich hauptsächlich auf Vietnam. Allerdings leiden auch die beiden Nachbarländer Vietnams, Laos und Kambodscha unter den ökologischen und gesundheitlichen Folgen des Herbizideinsatzes während des Vietnamkriegs. Von amerikanischer Regierungsseite her wurde jeder direkte oder indirekte Einsatz von Herbiziden in Kambodscha verneint, allerdings sind die Auswirkungen der Chemikalien auf Mensch und Natur in dem Nachbarland Vietnams deutlich zu erkennen.[215] Die *New York Times* vom 17. August 1970 verweist auf einen Sprecher des Pentagons, der bestreitet, dass das amerikanische Militär an Entlaubungseinsätzen in Kambodscha beteiligt gewesen sei.[216] Jerry W. Freidheim, der Sprecher des Pentagons äußerte sich wie folgt zu dem Vorwurf des Einsatzes von Herbiziden in Kambodscha durch das amerikanische Militär: "We have never been able to identify any United States aircraft as having taken part in the Cambodian defoliation operation."[217] Diese Aussage eines Sprechers des Pentagon verneint lediglich eine Beteiligung von amerikanischen Flugzeugen bei Sprüheinsätzen über Kambodscha. Dies bedeutet allerdings nicht, dass keine Herbizide über dem Land versprüht wurden, da die Sprüheinsätze auch von dem südvietnamesischen Militär durchgeführt wurden. Im Jahr 1969 war es zuvor zu einer diplomatischen Krise gekommen, als Kambodscha die USA beschuldigte, Herbizide gegen ihr Land eingesetzt zu haben. Entgegen den amerikanischen Aussagen bestätigten auch Wissenschaftler aus dem Ausland, die die angeblich besprühten Regionen untersuchten, den Einsatz von Herbiziden in

---

[215] Griffith, Philip Jones: *Agent Orange. "Collateral Damage in Viet Nam"*, London 2003, S. 140

[216] Perlmutter, Emanuel: 2 *Senate Candidates Attack Defoliant Use in War*, in: The New York Times, 17. August 1970, S.2

[217] Perlmutter, Emanuel: 2 *Senate Candidates Attack Defoliant Use in War*, in: The New York Times, 17. August 1970, S.2

Kambodscha.[218] Im Jahr 2003 veröffentlichte die Zeitschrift *Nature* eine Untersuchung, die auf militärische Unterlagen verwies, die nachwiesen, dass Agent Orange auch über Kambodscha versprüht wurde.[219] Den militärischen Akten zu Folge wurde alleine am 5. April 1969 ungefähr 19 000 Liter des dioxinhaltigen Herbizids Agent Orange über dem Land versprüht.[220] Bei weiteren neun Sprüheinsätzen in der Grenzregion von Vietnam und Kambodscha versprühte das amerikanische Militär ungefähr 136 000 Liter des Herbizids über kambodschanischem Territorium.[221] Es ist nicht auszuschließen, dass es darüberhinaus noch nicht registrierte Sprüheinsätze in der Region gab. Während des Vietnamkriegs wurden weite Teile der Grenzregion Vietnams zu seinen beiden Nachbarländern Laos und Kambodscha mit Agent Orange und anderen Herbiziden besprüht, was es erschwert das Ausmaß des Herbizideinsatzes regional einzugrenzen. Erschwerend kommt hinzu, dass der Wind die Herbizide über die Grenze eines Landes hinweg trug, wodurch eine regionale Eingrenzung eines einzelnen Herbizideinsatzes nur schwer möglich ist. Je nach Windverhältnissen veränderte sich die Größe des Gebietes, das von der Kontamination betroffen war. Des Weiteren gelangten die Chemikalien durch das von den Bergen fließende Regenwasser und die Flüsse in die beiden benachbarten Länder.[222] Im Gegensatz zu Kambodscha war Laos offiziell vom Einsatz der Herbizide während des Vietnamkriegs betroffen. Nach einem Bericht der Zeitschrift *Nature* kam es im Dezember 1965 zu ersten Sprüheinsätzen gegen Laos im Rahmen der "Operation Ranch Hand".[223] Dabei wurden Teile des durch Laos

[218] Stellmann, Jeanne Mager [et al.]: *The extent and Patterns of usage of Agent Orange and other herbicides in Vietnam*, in: Nature, Vol. 422, 17. April 2003, S.685
[219] Stellmann, Jeanne Mager [et al.]: *The extent and Patterns of usage of Agent Orange and other herbicides in Vietnam*, in: Nature, Vol. 422, 17. April 2003, S.685
[220] Stellmann, Jeanne Mager [et al.]: *The extent and Patterns of usage of Agent Orange and other herbicides in Vietnam*, in: Nature, Vol. 422, 17. April 2003, S.685
[221] Stellmann, Jeanne Mager [et al.]: *The extent and Patterns of usage of Agent Orange and other herbicides in Vietnam*, in: Nature, Vol. 422, 17. April 2003, S.685
[222] Griffith, Philip Jones: *Agent Orange. "Collateral Damage in Viet Nam"*, London 2003, S. 140
[223] Stellmann, Jeanne Mager [et al.]: *The extent and Patterns of usage of Agent Orange and other herbicides in Vietnam*, in: Nature, Vol. 422, 17. April 2003, S.685

verlaufenden Ho-Chi-Minh-Pfades mit Entlaubungsmitteln besprüht. Die besprühten Gegenden befanden sich allerdings oberhalb des 17. Breitengrades, der eigentlichen Grenze für Sprüheinsätze in Vietnam.[224] Es ist allerdings schwierig, genaue Angaben über das Ausmaß des Einsatzes von Herbiziden in Laos zu machen, da die Aufzeichnungen von amerikanischer Seite über die Sprühaktionen unvollständig sind. Das US-Militär setzte in dem südostasiatischen Land überwiegend Herbizide zur Entlaubung der Wälder ein, darunter befand sich auch das dioxinhaltige Agent Orange.[225] Allerdings weist die Zeitschrift *Nature* darauf hin, dass in Laos auch Agent Blue zur Erntevernichtung zum Einsatz kam.[226] Somit verfolgte das amerikanische Militär in Laos dieselben Ziele wie in Vietnam, die Wälder sollten entlaubt und die Ernte der Bauern zerstört werden. Die bestehenden militärischen Daten weisen auf 210 Einsätze hin, bei denen 1,8 Millionen Liter Herbizide über dem Land versprüht wurden.[227] Auf Grund der Unvollständigkeit der Aufzeichnungen ist aber von größeren Herbizidmengen auszugehen, die über Laos versprüht wurden. Neben dem Einsatz von Entlaubungsmitteln war Laos im Vietnamkrieg auch dem massiven Einsatz von Bomben ausgesetzt. Dies führte ebenso wie der Einsatz von Herbiziden zu ökologischen Schäden. Sowohl Laos als auch Kambodscha leiden bis heute unter den gleichen ökologischen und gesundheitlichen Folgen des Einsatzes von Agent Orange und anderen Herbiziden wie Vietnam.

In den beiden Nachbarländern Vietnams wurden Teile der tropischen Regenwälder zerstört und die Ökosysteme nachhaltig geschädigt. In der Grenzregion der beiden Länder zu Vietnam leiden Teile viele Menschen unter den gesundheitlichen Langzeitauswirkungen des Krieges. Allerdings erhalten die beiden Länder weitaus weniger

---

[224] Stellmann, Jeanne Mager [et al.]: *The extent and Patterns of usage of Agent Orange and other herbicides in Vietnam*, in: Nature, Vol. 422, 17. April 2003, S.685
[225] Stellmann, Jeanne Mager [et al.]: *The extent and Patterns of usage of Agent Orange and other herbicides in Vietnam*, in: Nature, Vol. 422, 17. April 2003, S.685
[226] Stellmann, Jeanne Mager [et al.]: *The extent and Patterns of usage of Agent Orange and other herbicides in Vietnam*, in: Nature, Vol. 422, 17. April 2003, S.685
[227] Stellmann, Jeanne Mager [et al.]: *The extent and Patterns of usage of Agent Orange and other herbicides in Vietnam*, in: Nature, Vol. 422, 17. April 2003, S.685

internationale Hilfe bei der Bewältigung der Folgen des Vietnamkriegs.

8. Fazit

Die Langzeitfolgen des Einsatzes der Herbizide während des Vietnamkriegs in den 1960er Jahren prägen bis heute das südostasiatische Land. Vor allem das stark dioxinhaltige Herbizid Agent Orange schädigte die Umwelt des Landes und die Gesundheit seiner Bewohner. Zum ersten Mal wurden Entlaubungsmittel vom britischen Militär in ihrem Krieg in Malaysia eingesetzt, allerdings wurden die Chemikalien dafür nur in geringen Mengen über dem Land versprüht. Der erste großflächige Einsatz von Herbiziden in einem Krieg geschah während des Vietnamkriegs in den 1960er Jahren. Dabei griff das amerikanische Militär auf die Erfahrung der Briten mit den Herbiziden zurück. Die Ziele, die das jeweilige Militär in Malaysia und in Vietnam mit dem Einsatz der Entlaubungsmittel verfolgte, ähnelten sich. Das primäre Ziel des Militärs war in beiden Fällen die Entlaubung des Dschungels, um dem Gegner dadurch die Deckung zu nehmen. Zu diesem Zweck wurden in Vietnam weite Teile des tropischen Regenwaldes mit Entlaubungsmitteln besprüht und somit unwiederbringlich zerstört. Die Bäume wurden hauptsächlich mit dem dioxinhaltigen Agent Orange besprüht, wodurch sie innerhalb kürzester Zeit ihre Blätter verloren. Dadurch wurde das Ökosystem des Landes nachhaltig gestört, da einige Pflanzenarten vollkommen aus Vietnam verschwanden und durch andere Arten ersetzt wurden. Dies veränderte das Landschaftsbild Vietnams bis heute, was sich wiederrum auch auf die Fauna des Landes auswirkte. Vielen Tierarten, die zuvor in den tropischen Regenwäldern Vietnams lebten, nahm die Zerstörung der Wälder den Lebensraum. Dadurch verringerte sich die Artenvielfalt, da viele Arten für immer aus dem Land verschwanden, oder heute vom Aussterben bedroht sind. Um das Ökosystem Vietnams wiederherzustellen, werden gezielte Aufforstungs- und Nachzuchtprogramme benötigt. Bereits nach Kriegsende gab es erste Aufforstungsprogramme seitens der vietnamesischen Regierung, die sich aber auf Grund des langen Krieges, der insgesamt 30 Jahre andauerte, schwierig gestalteten.

Neben den negativen Auswirkungen auf die Flora und Fauna Vietnams, schädigte der Herbizideinsatz auch die Gesundheit weiter Bevölkerungsteile Vietnams und der amerikanischen Soldaten, die dort während des Vietnamkriegs gekämpft hatten. Da Agent Orange hochgiftiges Dioxin enthielt, hatte es gravierende Auswirkungen auf die Menschen, die ihm direkt oder indirekt ausgesetzt waren. Weite Bevölkerungsteile erkrankten an den Folgen des Kontakts mit dem Herbizid. Da eine Dekontamination der betroffenen Landstriche aus Kostengründen nicht möglich ist, sind die betroffenen Bodenflächen bis heute kontaminiert. Dadurch gelangt das Dioxin in die Nahrungskette der Menschen, wodurch es auch zu Gesundheitsschäden der Menschen führt, die nicht direkt während des Vietnamkriegs mit den Herbiziden in Kontakt kamen. So werden bis heute Kinder in Vietnam mit Missbildungen geboren, was auf den Einsatz von Agent Orange zurückzuführen ist. Für die Menschen in Vietnam ist es äußerst schwierig zu beweisen, dass die Gesundheitsschäden unter denen sie leiden von dem Dioxin stammt, das in Agent Orange und anderen im Vietnamkrieg eingesetzten Herbiziden enthalten war. Aus diesem Grund erhalten die betroffenen Menschen in Vietnam keine finanzielle Entschädigung für die gesundheitlichen Probleme, mit denen sie zu kämpfen haben. Die Chemiekonzerne, die die Herbizide für den Kriegseinsatz produzierten, bestreiten jeden Zusammenhang zwischen den Erkrankungen der Menschen und den von ihnen produzierten Herbiziden. Im Gegensatz zu den vietnamesischen Betroffenen wurde den amerikanischen Vietnamveteranen allerdings eine Entschädigungszahlung für die durch Agent Orange verursachten Gesundheitsschäden zugesprochen. Dies kann als eine Art Zugeständnis für die Schädlichkeit der Herbizide gewertet werden. Studien zur Erforschung der Folgen von Agent Orange und den anderen in Vietnam eingesetzten Herbiziden sind daher von äußerster Wichtigkeit, um einen eindeutigen Zusammenhang zwischen den

Erkrankungen und den Herbiziden festzustellen. Das Scheitern der bilateralen Studie aus dem Jahr 2005 hat aber gezeigt, das politische und wirtschaftliche Bedenken dem entgegen stehen.

Ein großer Teil der Menschen, die unter den Folgen des Vietnamkriegs leiden, erhalten kaum finanzielle Unterstützung, die sie aber dringend benötigten. Viele der Kinder, die mit Behinderungen geboren wurden, leben am Rande der vietnamesischen Gesellschaft, da der Buddhismus die Behinderung eines Kindes als Strafe für die Eltern ansieht. Hinzu kommt eine enorme finanzielle Belastung, die durch die Pflege der Kinder verursacht wird. So kommt es, dass viele Familien ihre kranken Kinder von der Außenwelt abschotten oder sie in Waisenhäusern geben. Das Dorf der Freundschaft in Hanoi stellt einen wichtigen Bestandteil im Umgang mit den Folgen der Herbizideinsätzen dar, da es betroffenen Menschen, die unter den Folgen des Vietnamkriegs leiden, Hilfe und eine Unterkunft bietet. Durch die Einrichtung des Dorfs der Freundschaft wird aber auch deutlich, dass der Vietnamkrieg mit seinen Konsequenzen Auswirkungen bis in die Gegenwart Vietnams hat. Allerdings ist nicht nur Vietnam von dem Einsatz der Herbizide betroffen, sondern auch die Nachbarländer Laos und Kambodscha leiden unter den gleichen Folgen des Krieges wie Vietnam. Auch hier haben Herbizide die Wälder und die Gesundheit weiter Bevölkerungsteile zerstört. Dies ist aber ein Aspekt des Vietnamkriegs, der in der Literatur oder den Medien meist keine oder kaum Beachtung findet. Obwohl der Einsatz von Herbiziden große Schäden am vietnamesischen Ökosystem und der Gesundheit der Bevölkerung verursacht hat, endete mit dem Vietnamkrieg nicht der Einsatz von Chemiewaffen zu Kriegszwecken. Der Irak setzte beispielweise während des ersten Golfkriegs Chemiewaffen gegen seine eigene Bevölkerung ein. In Folge des Vietnamkriegs kam es zwar zum Umdenken bei der Verwendung von chemischen Kampfstoffen seitens der USA, was die Unterzeichnung des Genfer Protokolls aus dem Jahr 1975 zeigt. Allerdings kam es zu keiner Wiedergutmachung für die Schäden, die durch den Einsatz der Herbizide in Vietnam verursacht wurden.

Danksagung

Ich danke meinen Eltern Bernd und Iris Berendt, meinem Lebensgefährten Raphael Frank und meiner Großmutter Anna Brauer, die mich während meines gesamten Studiums immer unterstützt haben und ohne die die Entstehung dieses Buches nicht möglich gewesen wäre.

Literaturverzeichnis

Abbott, Carl: *Vietnam in Historical Thinking*, in: The Pacific Historical Review, Vol.74, No.3, Aug. 2005, S. 409-410

Asselin, Pierre: *Hanoi and Americanization oft the War in Vietnam: New Evidence from Vietnam*, in: The Pacific Historical Review, Vol.74, No.3, Aug. 2005, S.427-439

Biggs, David: *Managing a Rebel Landscape: Conservation, Pioneers, and the Revolutionary Past in the U Minh Forest*, Vietnam, in: Environmental History, Vol.10, No.3, Jul. 2005, S.448-476

Brown, Nigel A.: *Are offspring at risk from their father's exposure to toxins?,* in: Nature Vol. 316, 11. Juli 1985, S.110

Butler, Declan: *Agent Orange health investigation stuck at square one*, in: Nature Vol.422, 24. April 2003, S.793

Butler, Declan: *US abandons health study on Agent Orange*, in: Nature Vol.437, 7. April 2005, S.687

Cookson, Clive: *"Emergency" ban on 2,4,5-T herbicide in US*, in: Nature Vol.278, 8.März 1979, S. 108-109

Cyranoski, David: *US and Vietnam join forces to count cost of Agent Orange*, in: Nature, Vol.416, 21.März 2002, S.252

Dalton, Rex: *US and Vietnam plan joint dioxin research*, in: Nature Vol.406, 24. August 2000, S. 818

Daum, Andreas W.; Gardner, Lloyed C.; Mausbach, Wilfried (Hg.): *America, The Vietnam War and the World. Comparative and International Perspectives*, Washington D.C. 2003

Fabig, Anita; Otte, Kathrin (Hg.): *Umwelt, Macht und Medizin*. Zur Würdigung des Lebenswerks von Karl-Rainer Fabig, Kassel 2007

Fabig, Karl-Rainer: *Agent Orange vor Gericht*. In: Fabig, Anita; Otte, Kathrin (Hg.): Umwelt, Macht und Medizin. Zur Würdigung des Lebenswerks von Karl-Rainer Fabig, Kassel 2007, S.46-57

Fabig, Karl-Rainer: *Betr. Dioxin – eine neue Rechnung*. In: Fabig, Anita; Otte, Kathrin (Hg.): Umwelt, Macht und Medizin. Zur Würdigung des Lebenswerks von Karl-Rainer Fabig, Kassel 2007, S.18-24

Fabig, Karl-Rainer: *Umwelt, Macht und Medizin*. In: Fabig, Anita; Otte, Kathrin (Hg.): Umwelt, Macht und Medizin. Zur Würdigung des Lebenswerks von Karl-Rainer Fabig, Kassel 2007, S.10-17

Frey, Marc: *Geschichte des Vietnamkriegs.* Die Tragödie in Asien und das Ende des amerikanischen Traums, München 2006

Gallo, Werner: *Die unmittelbare Wirkungen des Giftkrieges in Vietnam auf Menschen (und Umwelt) und ihre Fortwirkung als Altlast. In*: Fabig, Anita; Otte, Kathrin (Hg.): Umwelt, Macht und Medizin. Zur Würdigung des Lebenswerks von Karl-Rainer Fabig, Kassel 2007. S.232-241

Glaberson, William: *Agent Orange, the Next Generation,* in: The New York Times, 8. August 2004, S. N25-N26

Greiner, Bernd: *Krieg ohne Fronten.* Die USA in Vietnam, Bonn 2007

Griffith, Philip Jones: Agent *Orange. "Collateral Damage in Viet Nam"*, London 2003

Halperin, William E.; Honchar, Patricia A.; Fingerhut, Marilyn, A.: *Dioxin: An Overview,* in: The American Statician, Vol. 36. No. 3, Part 2: Proceedings of the Sixth Symposium in Statistics and the Environment, Aug. 1982, S.285-289

Harris, Robert; Paxman, Jeremy: *A higher Form of Killing.* New York 1982

Hay, Alastair: *Defoliants in Vietnam: the long-term effects*, in: Nature, Vol.302, 17. März 1983, S.208

Hay, Alastair: *Informing on 2,4,5-T*, in: Nature Vol.269, 27. Oktober 1977, S.749-750

Hay, Alastair: *Toxic cloud over Seveso*, in: Nature Vol.262, 19. August 1976, S.636-638

Hay, Alastair: *Vietnam's dioxin problem*, in: Nature Vol.271, 16. Februar 1978, S.597-598

Jaeggi, Peter (Hg.): *Als mein Kind geboren wurde, war ich sehr traurig.* Spätfolgen des Chemiewaffeneinsatzes im Vietnamkrieg, Niederwil 2000

Johnstone, L. Craig: *Ecocide and the Geneva Protokoll*, in: Foreign Affairs, Vol.49, No.4, Jul. 1971, S.711-720

Kühner, Stefan: *Die Versprühung dioxinhaltiger Herbizide durch die US-Streitkräfte in Vietnam und das politische Engagement gegen den Vietnamkrieg.* In: Fabig, Anita; Otte, Kathrin (Hg.): Umwelt, Macht und Medizin. Zur Würdigung des Lebenswerks von Karl-Rainer Fabig, Kassel 2007. S.204-217

Mintz, Morton: *2,4,5-T Weed Killer Is Restricted by U.S.*, in: Washington Post, 16. April 1970, S. A9

Mitgang, Herbert: *A Dying Land – Casualty Of War*, in: The New York Times, 10. Okt. 1971, S.E2-E3

Modell, John; Haggerty, Timothy: *The Social Impact of War*, in: Annual Review of Sociology, Vol. 17 (1991), S.205-224

Naidu, G.V.U.: Vietnam: *Ten Years after Victory*, in: Social Scientist, Vol.13, No.5, May 1985, S.58-64

Neiland, J.B.: *Vietnam: Progress of the Chemical War*, in: Asian Survey, Vol.10, No. 3, Mar.1970, S.209-229

Norman, Colin: *Academy reports on Vietnam herbicide damage*, in: Nature Vol.248, 15.März 1974, S.186-188

o.V.: Army Reports Officers Knew of Ban on Defoliant, in New York Times, 22. November 1970, S.3

Perlmutter, Emanuel: 2 *Senate Candidates Attack Defoliant Use in War*, in: The New York Times, 17. August 1970, S.2

Quy, Vo: *Ökozid in Vietnam – Erforschung und Wiederherstellung der Umwelt.* In: Fabig, Anita; Otte, Kathrin (Hg.): Umwelt, Macht und Medizin. Zur Würdigung des Lebenswerks von Karl-Rainer Fabig, Kassel 2007

Scott, Wilbur J.: *Competing Paradigms in the Assessment of Latent Disorders: The Case of Agent Orange*, in: Social Problems, Vol. 35, No.2, Apr.1988, S.145-161

Shivakuma, M.S.: *Vietnam: Twenty Years After*, in: Economic and Political Weekly, Vol.30, No.29, Juli 1995, S.1836-1838

Steininger, Rolf: *Der Vietnamkrieg*, Frankfurt a.M. 2006²

Stellmann, Jeanne Mager [et al.]: *The extent and Patterns of usage of Agent Orange and other herbicides in Vietnam*, in: Nature, Vol. 422, 17. April 2003, S.681-687

Sterling, Eleanor Jane; Hurley, Martha Maud; Minh Le Duc: *Vietnam. A Natural History*, New Haven 2006

Tuyet, Le Thi Nham; Johansson, Annika: *Impact of Chemical Warfare with Agent Orange on Women's Reproduktive Lives in Vietnam*: A Pilot Study. In: Reproductive Health Matters, Vol.9, No.18, 2001, S.156-164

Welles, Benjamin: *Pentagon Backs Use of Chemicals.* To Continue Vietnam Tactics Despite Scientists' Protests, in: The New York Times, 21. September 1966, S.10

Westing, Arthur H. (Hg.): *Herbicides in War.* The Long-term Ecological and Human Consequences, London 1984

Westing, Arthur H.: *Herbicides in War: past and present.* In: Westing, Arthur H. (Hg.): Herbicides in War. The Long-term Ecological and Human Consequences, London 1984, S. 3-24

Wheeler, John: *Coming to Grips with Vietnam,* in: Foreign Affairs, Vol. 63, No.4, Spring 1985, S.747-758

Wilcox, Fred A.: *Waiting for an Army to Die.* The Tragedy of Agent Orange, Santa Ana 1989

Internet:

http://www.ffrd.org/AO/10_03_05_agentorange.pdf   vom 29.04.2009

www.dorfderfreundschaft.de   vom 13.05.2009

www.dorfderfreundschaft.de/index.php/dorfderfreundschaft/page2 vom 24.05.2009

http://www.dorfderfreundschaft.de/index.php/dorfderfreundschaft/page6?besuch=924d79487fc01a2d37cdad1d4570e460   vom 24.05.2009

Autorenprofil

Isabell Berendt, geboren in Düsseldorf, studierte zunächst Romanistik
und Geschichte an der Heinrich-Heine Universität Düsseldorf.
Ihr Studium beendete sie 2006 mit dem Abschluss Bachelor of Arts.
Anschließend studierte sie Geschichte mit dem Abschluss
Master of Arts an der Ruhr-Universität Bochum.